Jean Delart

Les oiseaux m'ont dit, dans leur langue...

ISBN : +978-2-9602450-0-4
EAN : 9782960245004

© Jean Delart, 2019
jean.delart@netcourrier.com

Le Code de la Propriété intellectuelle interdit les copies ou reproductions destinées à une utilisation collective. Toute représentation ou reproduction intégrale ou partielle faite par quelque procédé que ce soit, sans le consentement de l'auteur ou de ses ayants cause, est illicite et constitue une contrefaçon sanctionnée par les articles L335-2 et suivants du Code de la propriété intellectuelle.

Du même auteur :

Traduction annotée du Splendor Solis (J.A. éd., 2018)

Crédit photos : J. et C. Delart, J. Antoine, R. Laclay.
Dessins : C. Delart.

À la mémoire de Roger Caro (1911–1992),
l'un de mes guides par-delà l'espace et le temps.

Préambule

Je n'ignorais pas que les Alchimistes pratiquassent discrètement un système de codage dénommé « Langue des Oiseaux », mais, pour moi qui m'étais lancé le défi de découvrir ce qu'était vraiment l'Alchimie et à quels aboutissements cette dernière pouvait mener, je n'avais jamais imaginé que les oiseaux puissent directement s'adresser à moi pour m'aider dans ma quête !

C'est pourtant ce qu'il m'est arrivé, et le présent ouvrage a pour ambition de vous rapporter mon témoignage, aussi fidèlement que possible. Brève tranche de vie incluse dans une quête bien plus vaste riche en surprises, cette étrange aventure prit place au tout début de ce siècle. C'était l'époque où, après avoir étudié les spiritualités orientales et longuement cheminé parmi divers groupements à vocation initiatique attachés à la culture occidentale, j'avais le sentiment de tourner en rond, insatisfait des solutions proposées par diverses obédiences néo-templières, rosicruciennes, martinistes, franc-maçonnes, monastiques, religieuses, philosophiques, ou autres. Je recherchais donc autre chose...

Toutefois, reconnaissons-le, aujourd'hui encore, certains de ces groupements œuvrent réellement avec sincérité, ténacité et altruisme à faire revivre une Tradition par ailleurs décriée, vilipendée, niée, ou détournée de son objet, mais, malgré la meilleure volonté du monde, est-il concrètement possible de transmettre un savoir globalement perdu suite aux vicissitudes des évènements historiques ? Guerres, épidémies, déportations, destructions d'archives par volonté ou par accident ont, au fil du temps, brisé bien des filiations chargées de protéger un savoir sacré destiné à rester inaccessible aux envieux. Restent alors des bribes, des documents parcellaires, la tradition orale et la mémoire des survivants pour tenter de reconstituer des chaînes d'enseignement permettant de perpétuer discrètement la Tradition primordiale. Donc, loin de moi l'idée de jeter la pierre à ceux qui font de leur mieux pour rebâtir ce qui fut détruit, malgré les brebis galeuses qui ont aussi quelquefois infiltré de tels groupements pour les détourner à d'autres fins. Ne prenons pour seul exemple que le cas tragique de l'Ordre du Temple Solaire (OTS).

A contrario, comme me le certifiait avec insistance Chantal, ma perspicace et sensitive épouse, il était impossible que la Tradition se soit irrémédiablement perdue. Impensable, affirmait-elle ! Son argument ? Cette Tradition est intrinsèquement liée à l'existence même de l'Humanité, à sa spiritualité, donc à la Vie en tant que telle ; donc, tant que l'Humanité existe, la Tradition se perpétue obligatoirement, quelque part, occultée aux regards, échappant aux recherches des plus assidus et des plus sincères ! Tout n'est question que d'assiduité et de perspicacité.

C'est donc en réexaminant avec attention les caractéristiques des différents ordres revendiquant une authentique filiation que nous découvrîmes que l'idéal rosicrucien débouchait tout naturellement sur une autre quête, plus discrète encore : L'Alchimie.

De laquelle nous ne connaissions rien de rien ! Comment alors la découvrir sans nous fourvoyer dans des impasses, sans tomber dans les pièges imaginés par les fourbes, sans errer des années entières en vaines expériences mal comprises ?

C'est à ce moment de notre quête que les oiseaux intervinrent, et s'exprimèrent à nous en une forme de langage qui nous était à l'époque totalement étrangère…

*

1
Un chouette incident

Une de nos amies, Mme Laclay, devenue veuve et pensionnée, s'était tardivement passionnée pour le symbolisme sous ses diverses formes. Entre autres, elle s'était inscrite à un cours d'Héraldique et Symbolisme organisé par une petite association basée en centre-ville. Puisqu'elle connaissait notre intérêt pour ces sujets, Chantal et moi fûmes invités à passer une soirée chez elle pour en débattre avec deux autres spécialistes en ces domaines. L'évocation de cette fin de journée dédiée à l'héraldique (et aussi au symbolisme) est l'occasion pour moi de vous présenter notre expert en ce domaine : Harold-le-Blason.

Enchanté ! Je suis Harold. >

De cette passionnante soirée café-biscuits, animée et riche en ouverture d'esprit, j'en ai gardé un vivant souvenir. La discussion tournait principalement autour de la prochaine exposition thématique que ce petit groupe mettait sur pied pour le mois suivant, et nous passâmes tour à tour en revue différents panneaux didactiques en cours de montage, des photos, des textes, des objets destinés à être mis en valeur dans des vitrines éclairées.

Parmi ces objets, une statuette représentant une chouette retint plus particulièrement l'attention de tous. Mme Laclay ne tarissait pas d'éloges sur cette superbe statuette en pierre noire de vingt centimètres de haut, obtenue dans des circonstances improbables, et destinée à devenir le clou de l'exposition. Une belle pièce artistique, plus belle que les autres statuettes de chouettes qu'elle avait déjà rassemblées antérieurement car c'était un peu son animal fétiche. Or, la chouette est en étroite corrélation avec le symbolisme relatif à la déesse grecque Athéna, dont elle est l'attribut représentant la sagesse.

En effet, par l'observation de la nature, les Grecs de l'Antiquité avaient établi un lien de similitude entre, d'une part, cet animal nocturne solitaire connu pour son immobilité silencieuse et, d'autre part, la sagesse, mère de la philosophie. Historiquement, la chouette devint ensuite le symbole de la ville d'Athènes, reproduite sur bien des monnaies frappées dans cette ville au long des siècles.

Tétradrachme antique   *10 lepta (1912)*   *1 euro (à partir de 2002)*

En particulier, la pièce dite « tétradrachme » était populairement dénommée « la chouette », au moins entre le troisième et le premier siècle avant notre ère. L'apogée de l'empire athénien permit à cette pièce emblématique d'être très connue dans tout le bassin méditerranéen. Cet animal au regard perçant, capable de voir dans l'obscurité, symbolisa donc aussi assez rapidement le <u>savoir</u>.

< *Oui. Je sais. Et je sais que je sais.*
Et sachez que savoir aide à s'avoir.

Fille de Zeus et de Métis, Athéna, représentée par la chouette, était donc à la fois déesse tutélaire de la ville éponyme et de la sagesse, nous expliquait Mme Laclay. De fil en aiguille, la conversation dériva sur une autre déesse, Astarté, bien plus ancienne, reliée aux fondements de l'histoire humaine, à une époque où l'écriture commençait seulement à prendre le relais de la tradition orale. Notre débat philosophico-préhistorique s'approfondissait, explorant les origines de notre civilisation et des religions anciennes, de la place des dieux dans la vie quotidienne de nos lointains ancêtres, en abordant aussi tous les non-dits de l'archéologie officielle.

Sautant allègrement d'une époque à l'autre et d'une ancienne cité à une autre au gré des idées évoquées, nous en revînmes à Athènes, à sa chouette, et donc aussi à la statuette trônant au milieu de la table. Entre-temps, la soirée avançait ; dehors, alors que nous n'y avions prêté aucune attention, absorbés que nous étions par nos intenses échanges d'idées et d'informations, l'obscurité avait envahi les alentours. Certes, une clarté minimale provenait bien d'un discret éclairage public constitué de quelques faibles lampadaires épars aux ampoules blafardes, mais de denses végétaux filtraient ces sources lumineuses au point de les rendre insignifiantes. Les arbres et buissons entourant la maison de Mme Laclay n'étaient donc éclairés que par la seule lueur émanant de la pièce que nous occupions, puisqu'aucun volet, aucune tenture, aucun store n'occultait la vaste fenêtre donnant sur le jardin.

Soudain, dans la clarté de cette lueur minimale, une grande masse beige traversa rapidement le champ de vision des personnes assises face à la fenêtre. Moi-même, assis presque de dos par rapport à cette vitre, perçus du coin de l'œil ce phénomène impressionnant par sa taille. Il en alla de même pour Chantal qui perçut elle aussi brièvement le phénomène. Bref, bien que certains se soient trouvés dans une situation moins favorable pour observer l'extérieur, chacun des participants à notre réunion fut témoin de l'incident. L'identification de cet objet volant fut facile : il s'agissait tout simplement d'une chouette venant se percher sur une branche d'un petit arbre tout proche !

L'incident était trop peu banal pour passer inaperçu. Pourtant, malgré nos tentatives pour signaler l'extraordinaire coïncidence entre l'irruption de ce volatile nocturne et le thème discuté tout au long de la soirée, Mme Laclay ne sembla prêter la moindre attention à ce phénomène qui aurait pourtant dû réjouir l'admiratrice de C.-G. Jung qu'elle était, bien au courant de l'expérience vécue par le célèbre psychanalyste suisse connue sous le nom de Rêve du Scarabée d'Or.

Carl-Gustav Jung raconte :

Une jeune patiente eut à un moment décisif du traitement un rêve dans lequel elle recevait en cadeau un scarabée doré. Pendant qu'elle me rapportait le rêve, j'étais assis dos à la fenêtre fermée. Tout à coup, j'entendis derrière moi un bruit, comme si l'on frappait légèrement à la fenêtre. Je me retournai et vis qu'un insecte, en volant, heurtait la fenêtre à l'extérieur. J'ouvris la fenêtre et capturai l'insecte au vol. Il offrait la plus étroite analogie que l'on puisse trouver à notre latitude avec le scarabée doré. C'était un hanneton scarabéidé, Cetonia aurata, qui s'était manifestement amené, contre toutes ses habitudes, à pénétrer dans une pièce obscure juste à ce moment. Je dois dire tout de suite qu'un tel cas ne s'est jamais produit pour moi, ni avant ni après, de même que le rêve de ma patiente est demeuré unique dans mon expérience.

Habituellement prompte à l'enthousiasme, Mme Laclay aurait dû, je pense, s'exclamer de surprise face à une telle synchronicité ! Mais là, non. Pas de réaction. Pas d'étonnement. Éludant l'incident, elle passe à autre chose. Désirez-vous encore une tasse de café ?

Étrange manœuvre évasive... À croire que cette chouette réellement vivante qui faisait directement écho à celle en pierre présente entre nous sur la table depuis plus d'une heure était totalement hors-sujet ! Tout au plus Mme Laclay, pourtant passionnée de photographie d'oiseaux au point d'être en contrat avec le National Geographic, admit-elle que c'était la première fois qu'une chouette approchait ainsi son habitation, confirmant implicitement l'anomalie de la situation, mais sans y accorder la moindre attention. Comme si de rien n'était, elle reprit son discours concernant le symbolisme d'Athéna…

Depuis, les années ont passé. Avec le recul, je me rends compte que cet incident n'était que le premier d'une longue série qui allait jalonner ma vie. En conséquence, je me dois d'admettre que cette situation particulière ayant réuni en un même lieu, au même moment
- un oiseau véritable,
- la représentation symbolique de celui-ci,
- un débat entre spécialistes dissertant précisément sur la signification symbolique de ce même oiseau, constituait une synchronicité significative évidente s'adressant non pas Mme Laclay mais à Chantal et moi.

Nous n'en aurons jamais la preuve absolue, bien entendu. Il ne s'agit pas d'une vérité scientifiquement démontrable, mais d'un ressenti personnel, vécu comme tel, qui s'imposa comme une borne marquante dans nos existences, comme une page de livre qui se tourne et ouvre un nouveau chapitre.

2

Le gourmet de l'aire d'autoroute

Que ce soit pour raisons professionnelles ou touristiques, il nous arrive assez fréquemment, Chantal et moi, de rejoindre la Haute-Savoie par autoroute.

Blason des Savoies : De gueules > à la croix d'argent, à la vergette limitée à 110 par temps de pluie.

Nécessairement, nous devons aussi nous ménager des haltes dans les aires de repos, ceci survient suffisamment souvent pour que nous en connaissions les particularités, les avantages respectifs et les habitudes locales. De préférence, nous choisissons une aire offrant de nombreux services, dont des pompes à carburant. D'ordinaire, afin de ne pas perdre trop de temps, nous préférons ne pas fréquenter les restoroutes, voyageant avec une grande bouteille thermos de café et quelques brioches.

Généralement, nous emportons aussi un petit reste de pain qui, sinon, resterait à sécher ou pourrir, perdu pour tout le monde ; or, de la nourriture, ça réclame le respect : tout ce qui est encore sain ne se jette pas, même si ledit reste de pain est presque rassis. Tout qui transite par les aires autoroutières n'ignore pas que dès que l'on sort un sachet du véhicule, une dizaine de petits oiseaux arrivent immédiatement en piaillant, sautillant au plus près dans l'espoir de recueillir quelques

 miettes de ce qu'ils supposent d'emblée être de la nourriture. Réflexe pavlovien acquis suite à des années d'observation des faits et gestes des humains. C'est l'occasion pour nous de leur offrir un peu de notre pain vieilli, pour leur plaisir autant que pour le nôtre, tout en nous permettant de réaliser quelques photos.

Comme escompté, dès l'ouverture du sac à pique-nique, voici un moineau moins farouche qui approche. En éclaireur, il vient examiner la situation. Constatant que nous mangeons des chaussons aux pommes, il se manifeste ostensiblement, quoique prudemment. En conséquence, j'extrais de mon sac une tranche de vieux pain dont j'isole une petite part que je lui envoie d'une discrète chiquenaude, évitant ainsi un geste trop ample, intimidant. Il s'empare en un clin d'œil de ma boulette de pain, presque au vol, et recule de quelques mètres, à distance de sécurité, pour l'avaler à l'aise. Le voici qui revient tout aussitôt en réclamer encore, cette fois en accompagnant de cris aigus sa petite danse. Son manège attire évidemment l'attention de ses congénères. Ils sont donc rapidement quatre, cinq, six à sautiller devant moi en pépiant à qui mieux-mieux, puis huit, dix, douze… Et les miettes de vieux pain volent et s'envolent plus rapidement que je ne parviens à en découper pour satisfaire la demande.

Toutefois, après quelques minutes, les petits estomacs se rassasient (mais pas le mien) et les manifestants se dispersent sans intervention des forces de l'ordre. Je peux enfin me délecter de mon chausson aux pommes, pendant que j'offre encore de temps à autre des restes de vieux pain aux derniers traînards. Il en va toujours ainsi car certains oiseaux, venus de plus loin, sont arrivés en retard au festin. D'autres, plus farouches, moins habiles, plus jeunes, plus faibles ou moins combatifs, n'ont rien pu faire d'autre qu'attendre le départ des plus vigoureux avant de parvenir à récupérer une part du festin. Peu importe, je dispose d'assez de miettes de pain pour satisfaire tout le monde.

Quoique…

Arrive le moment où il ne reste plus qu'un seul volatile. Ce moineau désormais isolé et supposé non encore repu, lance des cris avec insistance, réclamant de toute évidence une petite ration supplémentaire.

> *C'est certainement encore un pauvre petit moineau faible et orphelin que les autres goinfres tyranniques n'ont pas voulu laisser manger, même pas quelques miettes. C'est trop injuste !*

Pas du tout ! Bien au contraire ! Cet ex-poussin a tout du beau mâle en pleine santé : plumage luisant bien fourni et adéquatement coloré, œil brillant, sautillement dynamique, voix puissante, d'une taille légèrement supérieure à la moyenne, il semble parfaitement en mesure de rivaliser avec ses congénères pour leur disputer la nourriture si le besoin s'en faisait sentir.

Je lui lance donc une miette. Il se jette dessus, comme attendu. Cependant, à notre grande surprise, il ne l'avale pas : il la fait tourner dans son bec, la dépose, la reprend, grignote, chipote, la redépose, piaille une fois de plus dans ma direction, la reprend et d'un prompt mouvement de tête, la lance loin de lui ! Il la récupère, et recommence son geste, la rejetant à nouveau ostensiblement.

Ce comportement hors normes m'intrigue et monopolise mon attention. J'avais déjà observé des pigeons urbains occupés à envoyer valser des bouts de pain dans les airs, et j'avais compris que cette technique leur permettait de fractionner les morceaux trop gros pour eux en gardant dans leur bec la portion adéquate et séparant l'excédent d'un rapide mouvement de tête. Par analogie, je me dis que la miette offerte à mon moineau doit probablement être trop grosse pour son petit bec malgré le soin apporté à lui offrir la portion congrue. L'observant à nouveau, il me semble que non : la taille de cette boulette de mie n'est en rien excessive.

Soit ! Désireux de satisfaire ce convive, je découpe une nouvelle minuscule boulette de mie de pain et lui envoie d'une chiquenaude précise. Il s'en empare aussitôt, mais… recommence le même manège ! Picorant la petite boule de mie en pépiant, il sautille autour, la prend dans son bec, la lance au loin d'un coup de tête et vient se camper à un mètre de moi, me faisant face, me regardant dans les yeux en lançant des cris de plus en plus puissants.

Trois tchips plus tard, il retourne chercher la mie de pain, fait semblant de la picorer et, d'un geste rapide, renvoie la boulette faire un tour dans les airs sans en avoir prélevé la moindre parcelle, puis revient se planter devant moi, bien en face, en criant toujours aussi fort.

Heu ? J'apprécie assez peu de me faire engueuler par un piaf anonyme alors que je lui offre pitance ! Cela me vexe et m'intrigue à la fois. Je m'interroge : pourquoi cet oiseau rejette-t-il les miettes de pain dont ses congénères s'étaient emparés avec empressement avant de s'enfuir rassasiés ? J'insiste encore, et je lui renvoie encore une petite miette ajustée à la taille de son bec. Sans plus de succès, puisque le cirque recommence : danse en piaillant, mime de se précipiter vers la mie pour la rejeter aussitôt d'un coup de tête rapide, et retour illico à notre tête-à-tête, les yeux dans les yeux, cris aigus inclus.

Serais-je face à un moineau psychopathe ? Je ne comprends pas ce comportement. Je prends le temps d'analyser la situation. De toute évidence, cet oiseau souhaite recevoir à manger, son insistance en est l'indice, son empressement à lécher les miettes le confirme. Pourquoi donc les rejette-t-il aussi ostensiblement ? Les miettes ne sont pas trop grosses ; d'ailleurs, il est parfaitement à même de les découper à sa convenance. Le pain n'est pas trop sec, je l'ai vérifié ; de plus, tous les autres oiseaux sont repartis satisfaits, le jabot bien rempli. Alors quoi ? Serais-je sensé lui tremper les miettes dans le café avant de les lui livrer ? Ou alors…

Je prends soudain conscience que ce vieux pain que je lui donne est, de mon point de vue, un déchet que je n'avais pas envie de consommer moi-même, ce qui avait motivé l'achat du chausson aux pommes que je savourais de par moi. D'ailleurs, cette pâtisserie était succulente : pâte fraîche du jour, moelleuse à souhait, sucrée à suffisance et sans excès, reflet nacré, bouquet fruité, longue en bouche, chef d'œuvre d'un artisan confirmé, cette délicatesse aurait pu être appréciée par Gault & Millau.

Hum… Lyrisme un tantinet déplacé. Je m'emballe peut-être un peu trop, emporté par ce souvenir gustatif d'exception. Disons simplement que ce chausson me semblait succulent, bien meilleur que le reste de mon pain en voie de rassissement.

Et si… ?

Et si là résidait précisément la raison du comportement de ce petit oiseau ? Si j'estimais mon chausson aux pommes bien meilleur que le vieux pain, lui-même n'était-il pas tout aussi capable de faire la même évaluation de la situation ?

Imitant feu saint François d'Assise, je me mis à lui parler (pourvu que les autres voyageurs ayant fait halte sur cette aire d'autoroute ne remarquent rien !) :

– Que veux-tu exactement, toi ? N'est-il pas bon, ce pain ? Serait-ce de la pâtisserie que tu voudrais ?

< *Que oui !*
Que oui !
Que oui !

L'hypothèse est aisément vérifiable. Je prends entre mes doigts une belle miette de ma succulente pâtisserie et m'apprête à la lui lancer. Sur ce, il se rapproche d'encore cinquante centimètres supplémentaires, toujours en criant, l'œil brillant de convoitise, plus près que jamais.

Je lui lance la luxueuse boulette de mie. Il se précipite dessus en une fraction de seconde, la goûte d'un bref coup de langue, et l'emporte derechef, s'envolant en proférant un petit cri de remerciement malgré son bec plein, débordant de la pâtisserie qu'il s'en va déguster dans un endroit plus sûr pour lui.

Chantal et moi en restons ébahis. Ainsi donc, les tout petits oiseaux peuvent non seulement détecter à distance ce qui est meilleur que la nourriture ordinaire, mais de plus, ils savent, par leur comportement, exprimer leur opinion d'une manière qui nous soit compréhensible ! À condition, évidemment, d'être soucieux de bien observer et de réfléchir un peu...

Les oiseaux ne nous parlent pas avec des mots humains, bien entendu, puisque Dame Nature ne les a pas dotés d'organes leur permettant ce mode d'expression. Ils n'en sont pas muets pour autant, et son capables de dialoguer avec nous, à condition que nous fassions une démarche envers eux, en tenant compte de leur réalité physiologique, de leurs nécessités et de leur propre cadre conceptuel.

Attention toutefois à ne pas nous laisser piéger et choir dans l'anthropomorphisme primaire ! Projeter indûment sur eux nos propres désirs nous ferait tomber dans l'illusion. Si nous leur attribuions une expression ou un dialogue imaginaire qui ne serait rien d'autre que la transposition de ce que nous souhaiterions entendre de leur part, il ne s'agirait alors nullement d'une communication inter-espèces mais plutôt d'une sorte de soliloque dans lequel nous attribuerions aux oiseaux un rôle de miroir de notre propre délire incongru.

Non. S'il n'est pas impossible d'établir un authentique dialogue avec des oiseaux qui seraient susceptibles de servir de porte-parole à la Conscience gérant la Nature en s'adressant subtilement à nous, ce ne sera que par l'observation attentive de ladite Nature, en alliant l'ouverture d'esprit à une rigueur logique proche de la démarche scientifique. L'esprit ouvert peut laisser la part belle à la poésie, à l'imaginaire, à l'hypothèse, voire même à la science-fiction ou au fantastique, mais cependant, sous peine de sombrer dans le délire, pas question d'admettre comme réalité confirmée le moindre de nos phantasmes !

Du témoignage dont je viens de vous faire part, cette rencontre avec ce petit moineau fin bec, retenons donc seulement ce constat objectif : les oiseaux ont la capacité de communiquer avec nous de manière non ambiguë. C'est à nous – et non l'inverse – d'entreprendre la démarche empreinte d'humilité de nous mettre au diapason de leur mode de communication afin de les comprendre.

*

3

L'oiseau Toc-toc

Avant de vous narrer ce nouvel épisode, décrivons sommairement les lieux afin de vous faciliter la visualisation correcte des différentes scènes. Chantal et moi résidons à l'époque dans un petit bungalow de plain-pied situé en zone suburbaine : une maisonnette sans étage entourée de verdure, sans voisin accolé. L'accès principal, situé au sud, ouvre sur un couloir central donnant accès au living à l'ouest, à la cuisine au nord, et aux chambres à l'est. Toutes ces pièces disposent de fenêtres encadrées de volets en bois (que nous fermons rarement) et ornées de croisillons extérieurs, en bois, disposés à un centimètre au-delà de la vitre. Ce détail à son importance comme nous allons le constater.

Autre élément à vous préciser : à cette époque-là, Chantal et moi sommes en pleine recherche, tant historique que spirituelle, sur un sujet souvent décrié et dit désuet : l'Alchimie. Dans les lycées et les académies, cette science ancestrale n'est mentionnée, du bout des lèvres, que comme une sorte d'archéochimie, pré-chimie balbutiante et empirique, teintée de mysticisme, ayant conduit par tâtonnements à l'émergence de la Chimie. Vue comme une protoscience non encore dépolluée de la pensée magique héritée de la religiosité dominant au Moyen-âge, l'Alchimie n'est présentée que comme une anecdote historique introductive au premier cours de Chimie moderne.

Or, notre recherche d'alors est précisément motivée par notre prise de conscience que la susdite approche est totalement biaisée ! La manière de présenter cette science dont les racines plongent dans l'antiquité est – paradoxalement – totalement contraire à la démarche scientifique, laquelle prône pourtant objectivité et rigueur dans l'observation et la relation des faits. Au contraire, au fil de nos recherches nous apparaît une image radicalement différente. Si Chimie et Alchimie présentent effectivement un tronc historique commun, les deux disciplines divergent l'une de l'autre. La Chimie ne supplante pas l'Alchimie : elle s'en écarte pour devenir une discipline distincte.

Mais ne nous embarquons pas ici dans une dissertation sur l'Alchimie. Laissons-là provisoirement de côté puisque notre présente intention se limite à préciser le contexte dans lequel se déroule l'incident que je dois vous raconter.

Reste à vous dire que parmi les alchimistes récents et visibles ciblés par nos recherches figure Roger Caro (1911-1992), objet de toutes nos attentions à ce moment-là, puisqu'il jetait un pont entre nos centres d'intérêts privilégiés d'alors (Templiers, Rose+Croix...) et l'Alchimie, laquelle nous apparaissant de plus en plus comme la continuation naturelle (et appliquée) de la philosophie idéalisée véhiculée par ces groupements. Mais Roger Caro étant décédé, et ses œuvres dispersées, nous étions en recherche de nobles âmes susceptibles de nous aiguiller dans notre quête de son héritage immatériel.

Ce contexte était à préciser pour bien appréhender les tenants et aboutissants du récit que voici, à la limite du paranormal.

L'histoire commence un matin, très tôt, au printemps. C'est un jour de congé (un samedi, si ma mémoire ne me trahit pas), ce qui explique que Chantal et moi ne sommes pas pressés de quitter le lit bien que le soleil soit déjà levé et que le ciel clair présage d'une superbe journée. Paresse ? Grasse matinée ? Lendemain de soirée arrosée ? Nullement : tout au plus une rare occasion de profiter quelque peu d'un juste repos après une épuisante semaine de travail au sein d'un monde fou obnubilé par le rendement et la productivité exacerbée.

Tout à coup, nous sommes extirpés de notre langueur par un bruit inédit évoquant des petits coups frappés sur l'une de notre fenêtre. Passant rapidement en mode « Plein éveil », Chantal et moi nous entre-regardons, éberlués. Éliminant assez rapidement l'hypothèse d'un poltergeist, nous nous demandons s'il ne s'agit pas d'un visiteur frappant à la porte, parent, ami, ou voisin, tentant de nous informer d'urgence d'un événement quelconque (le cas s'était déjà produit auparavant).

Peu plausible : le bruit ne correspond pas. Le bouton de la sonnette d'entrée s'avérant quelquefois capricieux, frapper à la porte d'entrée semblerait logique, mais cela générerait un bruit plus sourd, plus grave, plus ample. Élimination de cette hypothèse.

Alors quoi ? Un oiseau s'affairant dans la corniche en zinc ? Vu que le bungalow n'a pas d'étage, la toiture descend jusqu'à hauteur du plafond du rez-de-chaussée, et il n'est pas rare que la gent ailée parcoure les gouttières à la recherche d'insectes qui se dissimuleraient parmi les débris végétaux humides tombés de grands arbres proches. Pourtant, là encore, la situation ne semble pas correspondre au bruit perçu, puisque nous sommes habitués à toutes les nuances sonores que peuvent produire pattes et becs sur zinc et que nous avons l'oreille musicale.

Le phénomène insiste. Les tapotements se répètent, avec de longues interruptions. Je me lève et enfile en urgence un vêtement présentable, pour le cas où il s'agirait quand même d'un visiteur devant l'entrée. Je me précipite et ouvre la porte : personne !

Et, bien entendu, comme si s'appliquait automatiquement la Loi de la Vexation Universelle, les tapotements cessent aussitôt…

Bon, ben… Puisque nous voici bien éveillés et levés malgré l'heure matinale, autant commencer la journée : déjeuner, ablutions, arrosage des plantes… La routine reprend son cours.

La routine, oui, mais non sans ressasser l'étrange incident du matin. Cette affaire nous intrigue, le fin fond du mystère nous échappe, ce qui est, accordez-le moi, un tantinet vexant. Dans l'après-midi, je me surprends même à interrompre une nécessaire activité de jardinage pour empoigner une tige de jonc, tapoter la gouttière en zinc et demander à Chantal si le bruit lui paraît ressemblant. Verdict : négatif.

L'incident se reproduit le lendemain, dimanche, quasiment à l'identique : même heure très matinale malgré le soleil déjà levé, même demi-sommeil, mêmes petits coups répétés provenant grosso-modo de la direction de la porte d'entrée. Décidé d'éclaircir ce mystère redondant, je me lève rapidement et gagne le hall d'entrée. Là, petite variante, les coups ne cessent pas. Je me rends rapidement compte que le tapotement intrigant ne provient pas de la porte, mais d'un peu au-delà, vraisemblablement du living. Décidé à lever le mystère, j'ouvre rapidement la porte du living, y pénètre rapidement pour identifier la source du bruit... en pure perte ! Car, bien entendu, il n'y a rien d'anormal à observer, et le bruit cesse aussitôt. Je patiente un long moment, immobile, dans l'espoir d'observer la reproduction du phénomène. En vain.

Deux hypothèses me viennent à l'esprit. Soit un oiseau donne des coups de becs quelque part dans cette zone, soit un petit rongeur s'est introduit dans l'interstice entre le plafond du living et le plancher du grenier. Cette dernière possibilité est très plausible, car quelques années auparavant, des souris étaient parvenues à franchir les étroits interstices de ventilation ménagés entre les blocs de maçonnerie et le parement extérieur, à grimper jusqu'au grenier et s'y construire un nid douillet sous la couche d'isolant thermique pour y passer l'hiver en profitant de la chaleur émanant du living.

C'est ainsi qu'après déjeuner et ablutions, je consacre ma matinée de ce dimanche à revérifier et renforcer les fins grillages métalliques que j'avais jadis posés précisément dans le but d'empêcher ce genre d'intrusions. Comme s'il n'y avait pas d'autres tâches plus utiles à effectuer lorsqu'on ne dispose que du week-end pour ce faire !

Au repas de midi, Chantal et moi envisageons encore la possibilité qu'un écureuil ait pu se promener sur le toit. Le cas s'était déjà produit auparavant. Toutefois, techniquement parlant, nous ne parvenons pas à comprendre comment un sciuridé aurait pu produire ce bruit inédit. Nous envisageons aussi des dilatations de matériaux sous l'effet de l'élévation de température due au soleil levant, mais cette idée purement formelle n'est émise que par souhait de tout envisager car, après tant d'années de résidence en ce lieu, nous connaissons bien les bruits de notre maison et savons pertinemment qu'elle n'a aucune boîte à rythmes intégrée. L'hypothèse de l'action d'un oiseau reste donc privilégiée, à défaut d'une observation directe susceptible de la confirmer, d'autant plus qu'elle pourrait expliquer que mon irruption dans le living aurait pu le faire fuir : un reflet lors de l'ouverture de la porte, ou un bruit de ma part dans le silence matinal suffirait évidemment à effaroucher ce petit animal.

*

Le lendemain de ce dimanche tombait... un lundi ! Dit ainsi, vous pourriez me reprocher d'énoncer une banalité évidente. Cela fait sourire. Pourtant, cette affirmation d'apparence burlesque souligne un changement fondamental ! Le lundi, pas question de flâner au lit. Le lundi, c'est démarrage à la militaire : déjeuner rapide, ablutions au pas de course, déguisement en habits civilisés d'employés modèles, tartines dans le sac, chaussures enfilées à la hâte, verrouillage de la porte, marche rapide jusqu'à l'arrêt de bus, etc. Si votre mode de vie est similaire au nôtre, ce genre de situation évoque probablement quelque chose pour vous...

> *Tell me why I don't like mondays,*
> *Tell me why I don't like mondays...*
> *(The Boomtown Rats)*

Heureusement, en cette saison, le soleil se lève presque en même temps que nous, et la luminosité nous procure une vigueur et une motivation plus grande qu'en hiver. Dans le bus, nous évoquons encore l'incident entre nous, mais sans trop pouvoir nous attarder longuement sur le sujet car dès la halte suivante, d'autres navetteurs, connus car habitués, nous rejoignent tour à tour, nous saluent, et les conversations ordinaires s'engagent...

Et c'est ainsi que la semaine s'écoule sous le signe de l'infernal cycle constitué d'heures en transports en commun, journées de travail, repas trop bâclés et périodes de sommeil. L'ordinaire reprenant son rythme, les incidents du week-end passent au second plan.

C'est le samedi suivant que le phénomène se reproduit, semblable à lui-même. Vais-je prendre le risque de vous lasser en vous le détaillant à nouveau ? Inutile, tant le schéma est répétitif : tapotements réguliers entendus dans un demi-sommeil, dès l'aube sur une vitre lointaine, émergence rapide et dépitée du royaume de Morphée (vous pensez bien : un jour de congé!), lever précipité vers la porte d'entrée (rien à voir) puis le living (rien là non plus), tout cela n'ayant pour autre effet que d'exacerber notre curiosité sans nous apporter d'élément d'identification supplémentaire.

Toutefois, si ces deux journées réputées « de repos » vont voir le schéma du week-end précédent se répéter, il nous faut néanmoins signaler l'apparition d'une variante.

En effet, la météo étant trop peu attrayante pour inciter au jardinage, nous passons la journée dans le living, lisant quelques magazines (avec un certain retard, puisque notre vie professionnelle nous permet peut de loisirs). Voilà que soudain, les percussions saccadées recommencent ! Mais pas dans le living ! Dans une autre pièce ! Intrigués, nous nous dirigeons vers la source du bruit, constatons que ce dernier provient de notre chambre, mais, arrivés là, devinez quoi ? Il n'y a rien à voir.

Et le bruit a cessé, comme de bien entendu...

J'en viens à penser que quelqu'un ou quelque chose me joue une mauvaise blague...

Le lendemain dimanche, la météo étant exécrable, le phénomène ne daigne pas se manifester, ce qui renforce notre conviction qu'il a une origine externe au bâtiment.

Ô coïncidence, le lendemain de ce dimanche tombait à nouveau un lundi ! À nouveau l'horreur, quoi.

Tell me why I don't... >

– Oh ! Harold ! Pitié ! Ce n'est pas toi qui raconte l'histoire ; fais-toi tout petit ! De plus, nous sommes là au début d'une très belle journée douce et lumineuse.

OK. >
Le lundi au soleil...
(Claude François)

Un lundi ensoleillé, certes, mais nos contrats d'embauche n'en stipulent pas moins notre présence obligatoire sur le lieu de travail à l'heure convenue. D'où, à nouveau, les préparatifs intensifs préludant à notre départ, chronomètre en main.

Or, voilà qu'en plein *scramble* matinal, nous entendons soudain les percussions répétées qui nous ont intrigués les jours précédents !

Vu que Chantal et moi sommes organisés pour ne pas nous gêner mutuellement, nous occupons tour à tour des pièces différentes au moment de l'incident (chambre, salle de bains, cuisine pour le déjeuner…), mais pas le living, d'où semble à nouveau émaner le tapotement agaçant. Toutes affaires cessantes, je me rue vers la source supposée du bruit. Juste à temps pour voir l'ombre d'un petit oiseau s'enfuyant. Voilà notre facétieux « esprit frappeur » repéré !

Malheureusement, pas le temps de stationner là en attendant que le bruyant volatile revienne effectuer une nouvelle prestation rythmique, car le bus ne nous attendra pas. Enfilage des vestes, emport des sacs, verrouillage de la porte, et départ d'un pas rapide vers une nouvelle journée de travail. L'identification ornithologique attendra une occasion plus favorable…

Le phénomène ne se répéte pas avant le matin du samedi suivant, aux environs d'onze heures. Chantal et moi sommes dans notre living à vaquer à des tâches diverses (lecture du courrier et des journaux, contacts Internet, tris de papiers...) lorsque le désormais tapotement saccadé se fait à nouveau entendre... dans une autre pièce !

Pas de chance ! Pour une fois que nous occupons le living au moment de l'irruption du phénomène, comme si ce dernier nous narguait sciemment, voilà que ça toque ailleurs. D'un élan commun, nous nous précipitons dans le couloir à la recherche de la source du bruit, lequel semble provenir de notre chambre, donc tout à l'autre extrémité du bâtiment. Le temps d'y parvenir, bien entendu, le bruit a entre-temps cessé.

Il y a comme un parfum de vexation dans l'air...

Nous regardons par la fenêtre de la chambre dans l'espoir d'apercevoir l'un ou l'autre oiseau pouvant être désigné coupable, mais en vain.

C'est à ce moment que nous entendons à nouveau les coups répétés, cette fois émanant du living ! Retour précipité à notre point de départ, pour n'apercevoir que fugacement un oiseau s'enfuir...

L'hypothèse aviaire se confirme donc. Reste à identifier plus précisément l'auteur de ces bruits intempestifs et, dans un esprit scientifique, à tenter de comprendre la motivation poussant à ce comportement inhabituel.

L'explication attendra, car le reste de la journée passe sans que le phénomène se reproduise.

Dimanche matin, bingo ! Alors que rien ne nous oblige à sortir du lit avant d'être pleinement éveillés, voilà le percussionniste ailé qui nous rejoue sa partition contre la vitre du living.

Sachant désormais qu'il est inutile de nous lever pour tenter de l'identifier, vu sa propension à disparaître juste avant que nous arrivions, nous décidons de ne pas donner suite et de rentrer les oreilles sous la couette.

Mais – élément nouveau – l'animal insiste ! Et toc-toc-toc et tac-tac-tac-tac. Inutile : avec ténacité, nous persistons dans notre décision de ne pas bouger.

Quelques tapotements plus tard, il nous semble que la source du bruit s'est déplacée à une autre fenêtre, car le son est légèrement différent. Laquelle ? Peu importe : c'est dimanche, jour de congé, ambiance de vacances, au-lit-day. Toque tant que tu veux, l'emplumé, nous ne bougeons pas. Na !

C'était sans compter sur la pugnacité du harceleur. Car voici qu'il s'attaque à la fenêtre de notre chambre ! Et bien entendu, impossible de l'identifier malgré la lumière matinale, puisque les tentures sont fermées ! Tout au plus distinguons-nous par faible transparence une ombre laissant penser qu'il doit s'agir d'un oiseau assez petit, perché sur un des barreaux de nos croisillons extérieurs. Comment pourrait-il en être autrement ? L'espace entre la boiserie et la vitre mesure exactement huit millimètres ; on imagine mal un pigeon, un corbeau, et même pas un merle pouvant se tenir là en équilibre, avec un recul suffisant pour cogner du bec à répétition.

Intrigant…

Là-dessus, nous nous levons bon gré, mal gré, et – bien entendu – le moindre mouvement de tenture fait fuir le fugace volatile, toujours anonyme.

Pfffff… [← *profond soupir dépité*]

Le dimanche passe, puis les jours se suivent, occasionnellement ponctués de tapotements contre la vitre. Et ce jusqu'au samedi matin suivant qui nous apporte un élément nouveau.

Je suis absorbé à je ne sais plus quelle tâche sur l'ordinateur, lequel a sa place dans un angle du living. Devant moi : l'écran. À ma gauche : la fenêtre sud. À ma droite, la fenêtre ouest. À ma gauche aussi, le canapé favori de Chantal, qu'elle occupe.

Soudain, entre deux clics de souris, voilà notre artiste volant qui se risque à quelques coups de becs sur la vitre de la fenêtre ouest !

Je me fige (car je sais à quel point les oiseaux sont farouches et s'affolent au moindre mouvement qu'ils assimilent d'emblée à un danger potentiel) et, du coin de l'œil, sans trop oser tourner la tête, j'observe le manège. Cette fois, pas de doute : il s'agit bien d'un oiseau de petite taille, aux battements d'ailes rapides, et doté d'une queue assez longue placée dans l'axe du corps.

La partition de notre percussionniste doit être bien courte, car le voilà déjà envolé. Pas assez vite pour ne pas avoir été vu, mais trop rapidement pour pouvoir être identifié. Seule certitude : il est plus petit qu'un moineau, mais ni Chantal ni moi ne l'avons reconnu.

Nous nous entre-regardons, étonnés de cette évolution, car enfin le phénomène quitte la sphère de l'insaisissable pour prendre pied dans la réalité concrète. Le mystère est-il levé pour autant ? Non, bien sûr, puisque nous n'avons identifié ni l'animal, ni ses motivations. Quelle raison peut pousser un petit oiseau à venir s'user le bec sur nos vitres ? Y trouverait-il quelque chose à picorer ? Des insectes minuscules ? Des végétaux microscopiques ? Apparemment pas : les vitres sont propres, exemptes de mousses et champignons. Un examen attentif nous permet de confirmer l'absence de tout insecte, aussi petit soit-il. Alors, *quid* ?

L'après-midi de ce même samedi nous apporte (enfin !) un indice supplémentaire. Je suis à nouveau occupé à l'ordinateur, Chantal lit dans son canapé favori, et revoici notre visiteur volant, se perchant sur le croisillon en bois et commençant à cogner du bec au carreau. De la position que nous occupons, il nous est facile de bien voir l'animal (ouf !). Oui, c'est un oiseau assez petit, aux traits forts marqués, très peu coloré quoique légèrement teinté de rose, mais que nous ne connaissons pas.

Forts des éléments récoltés durant notre brève observation, nous extrayons de notre bibliothèque les quelques ouvrages concernant la faune de nos régions (Wikipedia n'existe pas encore) dans l'espoir d'y reconnaître notre percussionniste. Difficulté : plusieurs oiseaux répondent plus ou moins aux critères. De plus, certaines espèces présentent un dimorphisme sexuel parfois assez marqué semant la confusion. Hésitations, comparaisons, questions...

Hmmm... >
Une mésange à longue queue, peut-être ?

– Bien vu, Harold ! C'est tout à fait ça !
Cette boule de plumes correspond en tout point à l'animal observé. Voici donc notre farfelu intrus enfin identifié :

Mésange à longue queue (Aegithalos caudatus)

Reste toutefois une particularité à vous signaler, sur laquelle les ouvrages scientifiques sont formels : la mésange à longue queue... n'est pas une mésange ! Ce nom de « mésange » lui est attribué par l'usage vernaculaire mais n'a rien de scientifique, puisque cet oiseau (dont il existe quelques sous-espèces) appartient à la famille des Aegithalidés, tandis que la plupart des « vraies » mésanges sont répertoriées sous le genre *Parus* (Paridés). Mais ne chicanons pas avec des petites broutilles destinées aux ornithologues spécialisés, aux méticuleux pointilleux et aux mésangeologues diplômés ; ce souci de précision est tout à leur honneur mais nous importe assez peu dans le présent contexte puisque, comme le mentionne adéquatement Wikipédia : « Mésange est un nom vernaculaire ambigu en français. Les mésanges sont pour la plupart des passereaux de la famille des Paridés : de petits oiseaux actifs, au bec court, de forme assez trapue, arboricoles, insectivores et granivores. ». Retenons donc la dénomination populaire : mésange. C'est important pour la suite.

Il nous reste toutefois à comprendre la cause de ce comportement apparemment aberrant. Si la question semble secondaire, ne concernant que les ornithologues ou les éthologues, elle va, vous allez le voir, prendre une importance démesurée au cours des semaines suivantes. Car à partir de l'instant de cette identification, le phénomène va s'amplifier jusqu'à l'absurde, à la limite du fantastique. Cette aventure qui a transformé nos existences, à Chantal et moi, est à l'origine du livre que vous tenez actuellement en mains.

Le lendemain, dimanche, dès l'aube, les coups de becs donnés aux carreaux recommencent. Ce qui était auparavant un agacement est désormais devenu une routine quotidienne, une quasi-banalité. Ce jour-là, constatant que ce mâle mésange à longue queue présente un comportement plutôt inadéquat, nous choisissons de le baptiser « l'oiseau Toc-toc ». D'une part parce qu'il produit un bruit toc-toc, d'autre part parce que lui-même semble... heu... un peu... Vous voyez ce que je veux dire...

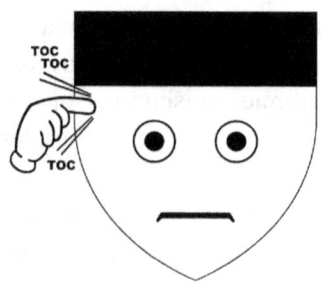

Cela semble péjoratif, j'en conviens, mais tout de même : en pleine époque de nidification, période qui exige des oiseaux une grande dépense énergétique, venir perdre son temps et épuiser sa force à toquer à mes fenêtres, ça laisse supposer un comportement pour le moins dysfonctionnel !

Et encore, comme vous allez le découvrir, nous ne sommes pas au bout de nos surprises !

En effet, à partir de ce jour-là, la sarabande devient infernale ! Désormais, c'est parfois de dix en dix minutes que cet oiseau vient avec ardeur percuter du bec nos vitres, toutes fenêtres confondues, principalement dans les pièces que nous occupons le plus (la fenêtre de la salle de bains et celle de la « pièce du fond », celle qui sert aux lessives et à l'entreposage d'outils, échappent aux tambourinements). De plus – nouveauté ! – un autre oiseau se présente et commence à manifester le même comportement. Nous nous en apercevons lorsque nous découvrons deux oiseaux présents en même temps à deux fenêtres différentes, occupés à cogner aux carreaux.

Bon. Qu'en penser ? Soit ce qui les incite à picorer nos vitres (et que nous ne voyons toujours pas) est vraiment succulent, soit la psychose aviaire est contagieuse…

Car même s'il ne s'agit pas d'une maladie (au sens strict), une imitation comportementale doit bien présenter un avantage quelconque pour les animaux qui s'y livrent. Gaspiller autant de temps et d'énergie sans en retirer un bénéfice est généralement très dommageable dans la nature. Jusque là, donc : mystère total…

Assez rapidement, nous identifions le nouveau tambourinaire comme étant la femelle de l'oiseau Toc-toc : Elle et lui viennent ensemble, s'envolent ensemble, et restent souvent à très grande proximité l'un de l'autre. Souvent, lorsque Toc-toc s'excite sur une vitre, sa femelle se perche à l'angle du plus proche volet, se penche et tend le cou comme pour examiner notre intérieur ! Ne sommes-nous pas là à la limite du voyeurisme indiscret ? C'est à croire que ces oiseaux insistent pour entrer, d'abord toquant poliment pour demander la permission, puis scrutant notre intérieur comme pour s'assurer qu'il y a bien quelqu'un !

J'écris « comme pour s'assurer », sachant qu'il s'agit bien sûr d'une comparaison anthropomorphique, et qu'il n'est pas souvent pertinent de transposer nos propres modes de compréhension sur d'autres espèces, même si les besoins primaires sont généralement identiques : se nourrir, se protéger, se reproduire. En l'occurrence, on comprend mal lequel de ces trois besoins primaires pourrait être satisfait par le comportement aberrant que nous observons chez ce couple de mésanges, à savoir :

- se nourrir… d'air pur, ou de nourriture spirituelle ?
- se protéger… de son propre reflet, perçu comme une menace ?
- se reproduire… fécondation in vitraux ? Nous séchons…

Pendant que nous cogitons, la situation empire !

La semaine suivante, un nouvel oiseau est lui aussi saisi d'un irrépressible désir de marteler nos fenêtres. Presque aussi petit, il s'agit cette fois d'une mésange nonnette, aisément reconnaissable à sa typique calotte noire qui la couvre jusqu'à la nuque. Au sein de cette espèce, pas de dimorphisme sexuel. Donc, ne comptez pas sur moi pour vous préciser s'il s'agit d'un ou d'une mésange :

Mésange nonnette (Poecile palustris)

Néanmoins, constat : la psychose se répand !

Il nous vient l'idée d'une possible explication. Nous envisageons qu'une source électromagnétique – telle une antenne radio, peut-être nouvellement installée à proximité – puisse être à l'origine d'une telle modification de comportement. Il est par exemple notoire que des catastrophes ornithologiques survinrent suite à la mise en service de radars militaires il y a quelques décennies ou, bien plus récemment, consécutivement à l'installation de nouvelles antennes destinées à une autre qualité de téléphonie mobile, plus puissante, plus rapide, utilisant des fréquences plus élevées potentiellement génocidaires, et donc adéquatement dénommée « de *dernière* génération » ou « de *dernier* cri ». Même si nous ne pensons pas que cette hypothèse soit la bonne, par honnêteté, nous ne pouvons décemment pas ignorer cette explication potentielle, raison pour laquelle nous explorons les environs, à pied comme en voiture. Nos recherches restant vaines, et les voisins n'ayant connaissance d'aucune nouvelle antenne, et bien que les sociétés de téléphonie soient coutumières de l'action clandestine, de la dissimulation et du camouflage d'émetteurs-récepteurs, nous finissons par abandonner cette possibilité.

Alors quoi ? Des ondes émises par un satellite ? Supposition invérifiable sans mise en œuvre de moyens techniques spécialisés, hors de notre portée.

Autre hypothèse : Chantal et moi connaissons l'existence de substances susceptibles d'altérer les comportements des animaux (hormones, polluants, sécrétions de micro-organismes parasitaires), mais nous ne sommes pas autrement compétents en ces domaines complexes. Donc, à moins de lancer un appel à la communauté scientifique ou à des associations veillant à la préservation de l'environnement afin d'obtenir l'assistance de spécialistes disposant de la connaissance et de la technologie adéquates, inutile d'espérer explorer plus avant ces idées.

D'ailleurs, serait-ce raisonnable de mettre en branle de grands moyens pour résoudre un mini-mystère qui n'affecte (modérément, sans réels dommages) que deux personnes perdues en banlieue et quelques oiseaux de moins de dix centimètres ?

Quelques oiseaux ? Voire !

La semaine suivante, nous surprenons une mésange bleue se livrant au même manège, à son tour gagnée par le souci d'éprouver la solidité de nos doubles vitrages. Et nous prions Saint-Gobain avec ferveur pour que ceux-ci résistent aux impacts inlassablement répétés !

Mésange bleue (Cyanistes caeruleus)

< Oui mais…
Dans un ouvrage en noir et blanc,
comment savoir si une mésange bleue
est vraiment bleue ?

— Va vérifier sur Internet !

*

Les jours suivants, le phénomène persiste, et continue même à s'amplifier !

Après l'arrivée récente de la mésange bleue, voici que se joint au concert l'étonnante mésange huppée, vue chez nous pour la première fois, et aussi pour la dernière (sauf erreur de ma part), tant elle est rare dans notre quartier. Avec ses quelques courtes plumes dressées au sommet de sa tête, cet oiseau de petite taille est aisément identifiable :

Mésange huppée (Lophophanes cristatus)

À ce point de mon récit, je suppose que vous ne manquez pas d'être intrigué comme nous-mêmes l'avons été des semaines durant. Ce qui n'était au départ qu'un incident mineur se révélant peu à peu d'une ampleur incroyable !

Et ce n'était pas fini…

Bien entendu, la mésange la plus commune de nos jardins ne pouvait manquer de venir elle aussi tambouriner à nos fenêtres : la mésange charbonnière, aisément reconnaissable à sa ligne noire ventrale. Pourtant, malgré la présence fréquente d'une dizaine de représentants de cette espèce à proximité de notre habitation (puisqu'elles viennent régulièrement se nourrir chez des voisins proches qui suspendent aux arbres, à leur attention, de petits filets remplis de friandises, en toute saison), aucun ne se s'était jusqu'alors manifesté à nos fenêtres.

Situation corrigée sans délais, puisqu'un beau matin, voici une mésange charbonnière qui se laisse observer tapotant nos vitres.

Mésange Charbonnière (Parus major)

Mais là survient un petit problème. La mésange charbonnière est légèrement plus grosse que les autres, et donc, l'écart entre la vitre et le croisillon-pose-pattes est trop étroit pour lui offrir le recul nécessaire pour frapper au carreau sans perdre l'équilibre ! Plusieurs tentatives donnent lieu à quelques acrobaties comiques !

*

Et les jours se suivent à l'identique. Tantôt à une fenêtre, tantôt à une autre, toute une série de mésanges différentes défilent sur nos croisillons, comme pour attirer notre attention. Mais... Au fait...

Des mésanges, oui, mais *RIEN QUE* des mésanges !

Si vraiment ce comportement atypique affecte plusieurs espèces de mésanges (dont, rappelons-le, certaines sont populairement dénommées ainsi sans en être vraiment aux yeux des ornithologues), pourquoi d'autres espèces d'aussi petits oiseaux ne sont-elles pas présentes ? Pensons par exemple à la sittelle torchepot très à son aise sur les surfaces verticale, ou au rouge-gorge, l'ami du jardinier, très présent dans nos jardins. Et le tout petit roitelet, le minuscule troglodyte mignon ou le peu mélodieux pouillot véloce, pourquoi ne manifestent-t-il pas le même comportement aberrant ?

Non : ce ne sont que des mésanges. Toutes sortes de mésanges, certes, mais rien que des mésanges qui, au lieu de pondre leurs œufs et nourrir leurs poussins, préfèrent se relayer et consacrer leur énergie à tapoter nos carreaux.

Nos *CARREAUX* ? ?

Tiens, tiens... Et si... ?

Et si le phénomène avait un rapport avec *CARO*, Roger *CARO* ?

Invraisemblable, apparemment. Évitons donc de sombrer dans l'assimilation facile sur base d'une simple homophonie, aussi insistante soit-elle !

Cependant, c'est justement à cette époque que nous découvrons les œuvres de ce rosicrucien alchimiste. Via la lecture assidue des livres de Roger Caro, celui-ci occupe majoritairement nos pensées, au point qu'il nous arrive d'en rêver (surtout Chantal). Sans aller jusqu'à parler d'obsession, il est vrai que cet auteur constitue notre principal sujet d'étude du moment.

Or, simultanément, via cet auteur – et d'autres, tels Fulcanelli et Eugène Canseliet – nous découvrons la « Langue des Oiseaux », ce langage codé apprécié des alchimistes pour dissimuler dans leurs ouvrages des vérités essentielles afin que ces dernières soient exprimées et disséminées dans le monde tout en restant inabordables aux non initiés. Ce sujet étant important, nous lui consacrons un plein chapitre un peu plus loin dans le présent ouvrage. Mais sans ici trop entrer dans les détails, signalons modestement que cette langue fonctionne (notamment) par assonances ; donc, dans le cadre de ce système de codage, *il se pourrait* (au conditionnel accentué) qu'une homophonie ait valeur d'équivalence :

Carreaux = Caro

*

À ce stade, une courte digression est nécessaire. Toutefois, je ne l'imposerai pas aux cartésiens irréductibles ni aux zététiciens de stricte observance (dont je respecte les croyances). À ceux-là, je suggère de sauter directement à l'astérisque suivant celui qui vient.

*

Dans notre paradigme, à Chantal et moi, il est naturel d'échanger des informations avec... heu... avec « autre chose ». Cette autre chose est une intelligence communicante, à laquelle il est difficile d'attribuer un nom. Dieu ? Messagers ? Entités ? Âme du Monde ? Inconscient collectif ? Conscience de Gaïa ? Peu importe ici. Ce que nous constatons, c'est que Cela est, existe, se manifeste. Nous avons pris l'habitude d'en parler entre nous en usant de l'expression « Ce/Ceux-qui-nous-guide(nt) ». Si la nature de Cela nous reste inconnue, son action est patente. Et son interaction avec nous est flagrante. Je veux dire : flagrante pour Chantal et moi ; il n'est pas certain qu'une tierce personne, hors de notre intimité, perçoive cette interaction personnalisée.

Or donc, il nous vient à l'esprit une autre homophonie, calquée sur le modèle Carreaux/Caro :

Mésanges = Mes Anges

Notre certitude n'est pas formelle, mais *il se pourrait* (toujours au conditionnel accentué) que ce ne soit pas sans pertinence. De plus,

« Mésanges » nous fait penser à une contraction de l'expression « Message des Anges », par extrapolation phonétique.
   – Allo ? Un message ?
   – De qui, de quoi ? Vous dites ?

Ça n'affecte pas que les oiseaux ! >

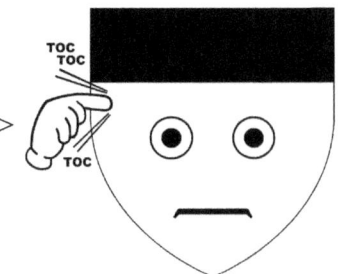

En réalité, tant Chantal que moi ne comprenons rien. Nous constatons des rapprochements idéels possibles, mais pour le reste, nous nous interrogeons, interloqués ; nous cogitons, nous supputons, nous remettons en questions nos certitudes d'avant sans fermer aucune porte tout en voulant garder les pieds sur terre. Peut-être la suite de notre aventure nous apportera-t-elle d'autres indices susceptibles de confirmer ou infirmer nos intuitions ?

Entre-temps, comme vous le supposez, le phénomène persiste. Et, comme pour confirmer nos supputations, de nouvelles mésanges commencent elles aussi les mêmes manèges.

Ah tiens ! Comme c'est amusant : Manèges est l'anagramme de Mésange. Je note ceci à titre humoristique, car voilà un exemple clairement explicite de ce qui N'EST PAS relatif à la Langue des Oiseaux. Même si les anagrammes entrent aussi dans le champ d'application de ce langage codé, tout rapprochement n'est pas nécessairement pertinent, car alors, de rapprochement en rapprochement, on en arrive très rapidement à… n'importe quoi ! Or, la Langue des Oiseaux peut donner accès au domaine du sacré, mais pas à n'importe quoi.

Oui, ce système de codage utilisé par les alchimistes jongle avec les archétypes, avec les mots, avec les assonances, avec les anagrammes, avec les racines des mots (latines ou grecques, par exemple), les polysémies (doubles sens), les paronymes (ressemblances orthographiques), etc. ; mais tout jeu de mots, toute coïncidence, toute dyslexie ou tout trait d'humour n'a pas nécessairement valeur de communication. Donc, synthétisons :

Mésanges = Mes Anges
Mésanges ≃ Message des Anges
Mésanges ≠ Manèges

*

Pour les Grecs de l'Antiquité, le messager des dieux était Hermès. Cette divinité grecque devint Mercure chez les Romains. Le Mercure (avec le Soufre et le Sel) est un des trois principes fondamentaux en Alchimie. Hermès-le-Grec reprend aussi une partie des attributions et fonctions de la divinité d'Égypte ancienne Hermès, dieu des savoirs cachés, auteur mythique (sous le nom d'Hermès Trismégiste) de traités ésotériques servant de base aux travaux des alchimistes du Moyen Âge. Sapristi ! Comme le monde est petit !

*

Ayant entendu dire que les oiseaux pouvaient être porteurs de messages symboliques, nous décidons de creuser dans cette direction. Dès l'antiquité, le vol des oiseaux aidait les augures à pronostiquer. Ainsi, les Latins avaient déterminé que des oiseaux volant de leur gauche vers la droite constituaient un présage favorable, tandis que ceux volant de la droite vers la gauche indiquaient une destinée sinistre (du latin *sinister = qui est à gauche*). Et puis n'oublions pas la chouette de Mme Laclay, l'athénienne messagère des dieux olympiens s'étant manifestée au premier chapitre du présent ouvrage, suggérant une éventuelle utilisation des oiseaux pour la transmission de messages (les pigeons voyageurs affublés d'un papier enroulé à la patte sont ici disqualifiés). L'Olympe n'étant pas connecté à Internet, les dieux antiques instillaient les idées aux humains comme ils le pouvaient...

Notre première idée, assez logique : consulter des ouvrages spécialisés.

Le Dictionnaire des Symboles n'a pas d'entrée au mot Mésange. Pas de chance ! Toutefois, l'ouvrage examine le mot Oiseau, qu'il dit être un symbole de liberté et de quête spirituelle.

Exact. Je vous lis l'article, page 257 : >

> *En raison de sa capacité de dépasser le plan terrestre en s'envolant librement dans les airs et d'atteindre peut-être le ciel, l'oiseau fut considéré comme un messager des dieux. Ainsi, dans le sacrifice de Mithra, l'ange-messager divin est un corbeau, représentation d'Hermès, choisi par les Égyptiens pour exprimer l'immatérialité de l'âme.*
>
> *Le Dictionnaire des Symboles (Nadia Julien, Marabout, 1989)*

Nous voici donc déjà confortés dans notre conviction qu'il y a bien de l'hermétisme là-dessous ! Et les oiseaux seraient donc bel et bien porteurs de messages en provenance du monde divin, spirituel. Nous soupirons d'aise en imaginant l'horreur qu'eût pu être un groupe de corvidés s'attaquant à nos vitres !

Ce dictionnaire nous indique encore que chez les hindous, l'oiseau Garuda était symbole d'immortalité, tout comme le phénix égyptien ; mais surtout, que l'oiseau symbolise la connaissance de l'inconscient. Serait-ce alors notre inconscient qui chercherait à nous signifier quelque chose par l'entremise de l'Oiseau Toc-toc et ses congénères ?

Oh ben ça alors ! >
Page suivante ! Écoutez bien ceci :

> *Aux ailes s'attache l'idée d'ascension spirituelle, en rapport avec les états supérieurs de l'être. [...]*
>
> *Dans le Coran, le langage des oiseaux désigne la connaissance suprême et il est compris par le héros vainqueur du dragon qui a acquis cette sagesse et conquis l'immortalité virtuelle. De même, les contes chinois font état de sages qui trouvent le salut et la richesse spirituelle par le truchement du langage des oiseaux. [...]*

> *L'oiseau des rêves, image archétypique de l'âme, annonce le début de la transformation psychique. Son vol reflète la libération de l'âme de la matérialité.*
> Le Dictionnaire des Symboles (id., p.258)

Pas de doute : tout ce texte est bien en adéquation avec le contexte du moment, alors que Chantal et moi, déçus par les perspectives limitées ou inadéquates qu'offrent les mouvements à vocation initiatiques, sommes en recherche d'une voie spirituelle qui nous convienne mieux, si possible au sein de l'ésotérisme occidental. Or, à nos yeux, la plupart de nos contacts ne mènent qu'à des impasses ; seule la poursuite de la pratique de l'aïkido à un niveau encore plus élevé offrirait des perspectives correspondant à nos aspirations, mais il s'agit là d'une voie orientale qui, à cette époque-là, nous aurait imposé de nombreux allers-retours hebdomadaires à la capitale, là où évoluent les rares enseignants de haut niveau. Impraticable dans notre situation, tant au niveau financier qu'en temps disponible.

Or, voici que les oiseaux semblent nous proposer une possible solution par l'entremise de signaux, insistants mais non évidents, réclamant apparemment un décodage !

Soucieux d'en trouver la clef, nous persévérons dans notre recherche en feuilletant un autre ouvrage plus spécialisé en matière de symbolisme, plus épais, plus pointu, plus détaillé, portant pratiquement le même titre.

Pas si simple ! La mésange n'a pas non plus sa place dans ce dictionnaire, tandis que nombre d'oiseaux ont une entrée à leur nom : aigle, alouette, bergeronnette, caille, canard, chouette, cigogne, corbeau, coq, cygne, hibou, héron, milan, hirondelle, flamant rose, grue, pie, rossignol, vautour et bien d'autres encore, sans rapport évident avec notre questionnement. Oh oui, il y a bien ici aussi une rubrique dissertant du symbolisme de l'oiseau (de manière assez générale et sommaire), mais rien de précis qui puisse nous éclairer sur le phénomène qui nous intrigue. Nous avons à nouveau le sentiment d'être pigeonnés, d'être les dindons de la farce.

Eh ben merle alors ! >

Faute de mieux, reportons-nous alors à la seule entrée pertinente disponible, et tentons d'y pêcher l'un ou l'autre indice susceptible de nous aider à progresser dans notre quête d'absolu. Que contient donc cette rubrique de ce Dictionnaire des Symboles (Jean Chevalier et Alain Gheerbrant, éd. Robert Laffont/Jupiter, 1969, revue et corrigée en 1982) ?

Rien de vraiment neuf. >
L'oiseau symbolise la relation entre
terre et ciel, transmet les messages
des dieux, figure la légèreté de l'âme.
Il symbolise les états spirituels, les anges,
les états supérieurs de l'être... Il y a
quatre pages de texte serré. Je les lis ?

– Non, épargnons à nos lecteurs ce long extrait. D'autant qu'il détaille le symbolisme de l'oiseau, variant selon les cultures et les époques, ce qui rend certains paragraphes peu pertinents ici. Ce livre-là détaille abondamment le sujet, mais ne fait pas véritablement progresser notre quête. Par contre, Dom Antoine-Joseph Pernety, dans son « Dictionnaire mytho-hermétique », est prolixe sur le mot Oiseau, en orientant bien entendu son propos sur les significations touchant à l'Alchimie, ce qui, vous le supposez, nous intéresse vu le rapport à notre quête :

> *OISEAU. Les Philosophes ont pris assez ordinairement les oiseaux pour symbole des parties volatiles de la matière du grand œuvre, & ont donné divers noms d'oiseaux à leur mercure : tantôt c'est un aigle, tantôt un oison, un corbeau, un cygne, un paon, un phénix, un pélican; & tous ces noms conviennent à la matière de l'Art, suivant les différences de couleur ou d'état qu'elle éprouve dans le cours des*

opérations. Les Philosophes ont de même eu égard dans ces dénominations, aux caractères des oiseaux dont ils ont emprunté les noms, pour en faire l'application métaphorique à leur matière. Quand ils ont voulu désigner la volatilité & l'action du mercure dissolvant sur la partie fixe, ils l'ont appelé aigle, vautour, parce que ce sont des oiseaux forts & carnassiers. Tel est celui que la Fable dit avoir rongé le foie de l'infortuné Prométhée. C'est l'aigle qui doit combattre le lion, suivant Basile Valentin & les autres Adeptes. La putréfaction est exprimée par ce combat, auquel succède la mort des deux adversaires. La noirceur étant une suite de la putréfaction, ils ont dit que des corps des deux combattants il naissait un corbeau; tant parce que cet oiseau est noir, que parce qu'il se repaît de corps morts.

À la noirceur succèdent les couleurs variées de l'arc-en-ciel. On a dit en conséquence que le corbeau était changé en paon, à cause des mêmes couleurs qui se font admirer sur la queue de cet animal. Vient ensuite la blancheur, qui ne pouvait être mieux exprimée que par le cygne. La rougeur de pavot qui succède, a donné lieu d'imaginer le phénix, qu'on dit être rouge, parce que son nom même exprime cette couleur. Ainsi chaque Philosophe a emprunté des oiseaux qu'il connaissait, les noms qu'il a cru convenir à ce qu'il voulait exprimer. C'est pourquoi les Égyptiens avaient introduit dans leurs hiéroglyphes les deux sortes d'Ibis, noire & blanche, qui dévoraient les serpents, & en purgeaient le pays. On voit une quantité d'exemples de ces allégories dans les Fables Égyptiennes & Grecques dévoilées.

OISEAU D'HERMÈS. *Mercure des Philosophes.*

OISEAU *sans ailes. Soufre des Sages. Senior a pris pour symbole des matières volatile & fixe de l'Art, deux oiseaux qui se battent, l'un ayant des ailes, placé dessus un qui n'en a pas; l'un & l'autre se tiennent par la queue, et celui qui a des ailes développées, semble vouloir enlever l'autre, qui semble faire tous ses efforts pour ne pas perdre terre.*

OISEAU DES SAGES. *Mercure philosophique.*

OISEAU DORÉ. *Magistère avant sa fixation; ainsi nommé, de ce qu'il contient les principes de l'or, & qu'il est volatil.*

OISEAU VERT. *Matière de l'œuvre avant sa préparation.*

OISON D'HERMOGENE. *Dissolvant des Philosophes, que le Trévisan a nommé le* **Portier du Palais du Roi.**

> *L'Oison était consacré à Junon, par la raison qu'elle est le symbole de l'humidité mercurielle, de laquelle est formé ce dissolvant.*

Nous voici désormais bien documentés sur la symbolique relative aux oiseaux et sur certains aspects du traitement de la matière par l'Alchimie, mais pas mieux renseignés sur le comportement aberrant de "nos" mésanges !

*

Ainsi en va-t-il quelques jours durant. Nos recherches dans des ouvrages spécialisés ne nous permettent aucun progrès significatif. Les ouvrages traitant du symbolisme des rêves ne nous livrent, eux non plus, aucune clef de décodage concernant nos mésanges un peu fofolles.

Mais qui dit symbolisme dit… Mme Laclay ! Nous la contactons pour lui narrer les incidents qui affectent nos fenêtres depuis quelques semaines. Prise au dépourvu, elle n'a évidemment aucune explication toute prête à nous proposer, mais se montre vite intriguée, puis enthousiasmée, par cette succession d'incidents et se passionne pour notre cas qui, à son avis aussi, pourrait en effet relever du symbolisme. Elle nous promet de chercher dans ses propres ouvrages, et d'en parler aux membres de son cercle d'études en symbolisme.

S'écoulent alors quelques semaines durant lesquelles aucun nouvel élément ne nous est fourni. Normal : les fins limiers spécialisés en symbolisme sont en chasse, laissons-les explorer leur domaine de compétence sans les perturber par notre impatience…

Quelques semaines d'attente, donc, mais qui mettent en lumière un nouvel élément passé totalement inaperçu jusqu'alors : depuis notre contact avec Mme Laclay, plus *aucune* mésange n'est venue tapoter nos fenêtres !

Coïncidence ?

C'est là encore un choix interprétatif délicat à effectuer. Des conditions auraient-elles changé, ramenant les mésanges à un comportement normal ? Sont-elles guéries ? Ou bien, en optant pour une interprétation plus jungienne, pouvons-nous oser imaginer que, puisque le « message » a bien été reçu et est en cours de décodage, il n'est plus nécessaire de le répéter *ad nauseam* ?

Une dizaine de jours plus tard, revenant du travail, je rencontre dans le bus Mme Laclay qui revenait d'une réunion de son groupe d'étude d'héraldique et de symbolisme. Je prends place à côté d'elle sur la même banquette. Elle me raconte alors avoir évoqué mon problème de mésanges lors d'une réunion antérieure, et qu'à défaut de pouvoir lui fournir de plus amples explications sur le moment, chacun de son côté avait promis de chercher à en savoir plus. Elle m'explique ensuite qu'au cours de la toute récente réunion qui venait de se clore, les experts avaient avoué leur échec. Par contre, l'un d'entre eux avait suggéré une autre piste potentielle : il avait trouvé le nom d'un très vieux moine érudit susceptible de nous aider, et qui – s'il vivait encore – résidait à l'abbaye d'Orval, dans le sud-est de la Belgique.

< *Tiens ? Quelle bonne idée ! Et si nous allions prier et méditer à Orval ?*

– Tout doux, Harold ! Je connais ton goût immodéré pour les boissons de qualité ! Ce lieu de prière cistercien n'est pas réputé que pour sa bière et son fromage ! L'abbaye fut bâtie sur une terre de légende (le Val d'Or) et, dans les temps anciens, elle pouvait s'enorgueillir d'une des plus riches bibliothèques d'Europe. C'est d'ailleurs pour cette raison que Nostradamus y résida quelque temps vers 1544, consultant les livres recelant le savoir séculaire dans le cadre d'études qu'il menait alors. Et même si l'abbaye d'alors, détruite entre-temps, tombée en ruines, a finalement vu renaître juste à côté une nouvelle structure monastique plus adaptée, une bonne partie des ouvrages anciens et précieux a trouvé refuge en l'abbaye de Maredsous, proche de Namur.

Maredsous, c'est un lieu de prière réputé aussi... Nous devrions peut-être...

Or, à notre plus grande surprise, voici que Mme Laclay, toujours aussi intriguée que nous-mêmes par ce comportement pour le moins inhabituel des mésanges, très spontanément, me promet d'écrire au moine octogénaire d'Orval, vu qu'elle connaissait justement là-bas quelqu'un qui pouvait la recommander auprès de lui…

    Trois semaines passent. Pour Chantal et moi, elles sont occupées par l'habituel rituel métro-boulot-dodo. Pour Mme Laclay, veuve et pensionnée (donc libre de disposer de son temps comme elle l'entend) elles s'écoulent en une alternance de recherches en symbolisme et de photographies ornithologiques ; et donc, logiquement, en fusionnant ces deux passions, elle prépare une énième exposition de photos artistiques d'oiseaux en y associant autant que possible des allusions au symbolisme. Pour les mésanges, c'est la saison du nourrissage des poussins fraîchement éclos : nous en apercevons de temps à autre voletant dans les arbustes des alentours, sans qu'aucun oiseau ne vienne plus frapper à nos fenêtres. Les incidents des semaines précédentes semblent déjà tellement lointains que nous nous préparons à l'oublier, comme s'il s'était agi d'un épiphénomène, d'une anomalie passagère ne méritant pas de s'y attacher plus longuement.
    C'est le samedi suivant, lorsque Chantal et moi profitons d'un peu de temps libre pour mener quelques recherches sur Internet (toujours en rapport avec ce sujet dont je vous entretiens) que sonne le téléphone. Petit rappel historique : les téléphones mobiles n'existaient pas encore en cette année-là. L'appel provient de Mme Laclay, sa voix est enjouée : Victoire ! Eurêka ! Le vieux moine d'Orval avait répondu et trouvé !

L'affaire avait, bien sûr, pris du temps ; le temps nécessaire à la maturation de toute œuvre. D'abord à cause des délais postaux, la transmission étant à cette époque moins rapide que les actuelles courriels, ensuite parce que ce vieux monsieur plein de bonne volonté avait dû entreprendre des recherches assez poussées. Mais voilà, nous dit Mme Laclay, nous avons la solution, trouvée par lui dans un ouvrage ancien dont il ne doit plus exister que de rares exemplaires : le symbolisme exprimé par la mésange, c'est (dixit ce vieux grimoire), la

PRUDENCE !

Nous avons à peine le temps de prendre connaissance de la solution transmise par Mme Laclay qu'un nouvel incident a lieu :

Oui : vous ne rêvez pas ! À l'instant précis de cette conversation téléphonique, de manière totalement inattendue, une mésange charbonnière vient se percher sur le plus proche barreau de la plus proche fenêtre et semble nous regarder d'un œil scrutateur !

Elle demeure là durant une bonne trentaine de secondes, apparemment indifférente à nos mouvements qui devraient pourtant l'alerter et la faire fuir…

Une mésange, précisément à ce moment-là, après plusieurs semaines d'absence à nos fenêtres…

Non seulement nous tenons la solution de notre énigme, mais de plus, les mésanges nous délèguent une messagère pour confirmer cette interprétation !

Depuis ce jour, plus aucune mésange ne vient frapper sur nos vitres. Nous en voyons bien sûr toujours voleter occasionnellement dans les arbrisseaux, à la recherche de nourriture, mais ce comportement n'a rien d'anormal. Toutefois, lorsqu'il nous arrive d'observer une mésange semblant s'intéresser à nous de manière insistante (par exemple lors d'un déplacement à pied), nous revient toujours en mémoire cette mise en garde : PRUDENCE !

Prudence par rapport à quoi ? Peut-être par rapport à tel ou tel lieu que nous sommes en train de traverser, aux personnes ou animaux qui nous entourent ? Ou par rapport au sujet de notre conversation du moment ? Quoiqu'il en soit, à chaque fois, notre vigilance étant alors en éveil, il ne nous est jamais rien arrivé de fâcheux.

Ainsi – pour vous proposer un exemple concret – dans le but de progresser dans notre quête alors que nous nous sentions bloqués, tournant en rond sans trouver d'issue ou d'élément neuf, il nous est un jour venu à l'idée de contacter via Internet une personne semblant solidement versée en Alchimie ou, du moins, qui nous paraissait l'être selon la compréhension que nous en avions à l'époque. Chantal et moi avions dans ce but préparé avec soin un texte courtois, non ambigu, sobre, détaillé quoique court, et je m'étais installé au clavier pour procéder à l'envoi d'un courriel. À ce moment précis, une mésange vint brièvement se poser sur un barreau de la fenêtre la plus proche, donc à moins d'un mètre de mon épaule !

Ce fut bref, mais suffisant pour me faire remémorer le désormais familier conseil de prudence. En conséquence, je ne validai pas l'envoi, et le contact n'eut pas lieu. Quelques mois plus tard, nous découvrions que cette personne dissimulait quelques aspects peu reluisants ; la mésange nous avait incités à éviter une bourde dont les conséquences auraient pu être sérieuses, car à cette époque nous ignorions encore, dans notre ingénuité de débutant, à quel point le microcosme alchimique (ou para-alchimique) grouillait de personnages ambigus, dissimulateurs, parfois fourbes. Et c'est logique : l'Alchimie et ses potentielles retombées suscitent l'envie, l'avarice, la cupidité, le désir de puissance et de domination. En conséquence, dans ce milieu restreint où tout le monde se connaît plus ou moins pullulent, pêle-mêle, escrocs en quête de gogos, vendeurs de stages de pacotille, marchands de substances « alchimiquement dynamisées » et onguents miraculeux supposés guérir tous les maux, agents secrets à la solde de gouvernants recherchant longévité et omnipotence, espions infiltrant les sociétés secrètes pour le compte d'une autre société rivale, transmutateurs agréés-patentés-diplômés, coachs en longévité, et autres alfumistes de tout poil.

En conséquence, au cours de nos recherches subséquentes dans ce délicat domaine d'Alchimie, toujours en quête de « perles rares », nous prîmes bien garde de ne pas mettre les pieds n'importe où, de ne pas fréquenter n'importe quel lieu ni aller à la rencontre du premier alchimiste autoproclamé venu, ni de foncer tête baissée dans les pièges tendus par les innombrables escrocs et égos démesurés grouillant dans (et autour) de cette discipline. Chantal et moi estimons hautement probable que les mésanges ont efficacement participé à notre protection en nous rappelant, à bon escient, aux moments-clés, une salutaire discrétion et à la prudence.

Rester prudent, c'est aussi « se tenir à carreau », selon la célèbre maxime du Moyen-âge conseillant de se mettre hors de portée d'arbalète. Cette expression, recommandant avec logique et bon sens une élémentaire prudence, fait aussi échos à nos vitres tant picorées au cours de l'épisode que je viens de vous narrer.

Carreau (vitré) ↔ Prudence ↔ Carreau (d'arbalète)

La boucle était donc bouclée, le message se renvoyant vers lui-même de manière redondante, indice laissant supposer l'action d'une intelligence. C'est, du moins, notre interprétation, à Chantal et moi.

Nous choisîmes donc, comme ligne de conduite principale, de dorénavant nous en « tenir à Caro » (Roger Caro) et d'explorer plus à fond la vie et l'œuvre de ce personnage lié au rosicrucianisme et à l'Alchimie...

Carreau ↔ R. Caro

Sur ce constat quelque peu étrange, apparemment incongru, déroutant, mais nécessairement interpellant, concluons ici ce chapitre en remerciant « nos » mésanges pour leur sage message transmis de la part des anges, ou des dieux, ou de Ce-que-vous-voulez, et abordons maintenant un tout autre incident.

< *Eh ! Attends !*

Tu ne peux clore ce chapitre sans évoquer ce qu'écrit Fulcanelli à propos de la prudence, et plus particulièrement en Alchimie ! En conséquence du constat que les mésanges recommandent avec insistance la prudence, particulièrement dans ce domaine qui vous occupe, Chantal et toi, en cette période-charnière, il est pertinent d'explorer plus à fond cet aspect.

Caro par-ci, Caro par-là, certes ! Mais Fulcanelli est tout de même lui aussi un monument incontournable de la littérature alchimique moderne. On ne peut l'ignorer.

J'ai repéré le paragraphe que voici dans « Les Demeures philosophales » (tome 2), au chapitre intitulé « Le merveilleux grimoire du château de Dampierre » :

> La prudence est la gardienne des choses. Mais le mot prudentia a une signification plus étendue que prudence ou prévoyance ; il désigne encore la science, la sagesse, l'expérience, la connaissance.

Donc, lorsque tu penses Alchimie, que tu recherches Alchimie, que toutes tes pensées sont orientées vers l'Alchimie, que tu rêves d'Alchimie la nuit, que tu parles Alchimie, que tu manges Alchimie, et que les mésanges, en ce contexte, viennent bien à propos évoquer la prudence, non seulement elles te recommandent cette vertu, mais de plus elles signent leur message du sceau de l'Alchimie ! Car dans les écrits de Fulcanelli, il n'y a rien d'autre que l'Alchimie qui soit indiquée par les mots « la science, la sagesse, l'expérience, la connaissance ». Dans les ouvrages signés Fulcanelli, il ne faut pas *hésiter à sauter d'un chapitre à l'autre pour mettre en relation des bribes d'information qui y sont dispersées comme autant de pièces d'un puzzle. C'est ainsi que, toujours dans ce même tome 2 des « Demeures philosophales », au chapitre « Les gardes du corps de François II Duc de Bretagne, je découvre ceci :*

Avant d'être élevée à la dignité de Vertu cardinale, la Prudence fut longtemps une divinité allégorique à laquelle les Anciens donnaient une tête à deux visages. [...] Sa face antérieure offre la physionomie d'une jeune femme au galbe très pur, et sa face postérieure celle d'un vieillard dont le faciès, plein de noblesse et de gravité, se prolonge dans les ondes soyeuses d'une barbe de fleuve.

[...]

Ainsi apparaît, sous le voile extérieur de la Prudence, l'image mystérieuse de la vieille alchimie, et sommes-nous, par les attributs de la première, initiés aux secrets de la seconde. D'ailleurs, le symbolisme pratique de notre science tient dans l'exposé d'une formule comportant deux termes, deux vertus essentiellement philosophiques : la prudence et la simplicité. Prudentia et Simplicitas, telle est la devise favorite des maîtres Basile Valentin et Senior Zadith.

Ainsi donc, selon cet auteur, la statue de Janus associant deux faces différentes en une seule tête pourrait adéquatement évoquer l'alchimie ancestrale par l'entremise de deux vertus qui lui sont intrinsèquement associées : la PRUDENCE *et la* SIMPLICITÉ.

Le dictionnaire latin confirme l'existence de plusieurs significations (ou nuances) du nom prudentia *:*

1° prévision, prévoyance ;

2° savoir, science, expérience, habileté dans, compétence ;

3° sagacité, intelligence.

Ce concept latin est directement hérité du sens du mot grec φρόνησις *(phronêsis) qui, originellement, désigne l'acte de penser. Aristote*

concevait la phronêsis comme la disposition permettant de délibérer sur ce qu'il convient de faire, en fonction de ce qui est jugé bon ou mauvais. Bref, l'art de peser le pour et le contre avant d'agir. Ce qui, convenons-en, est bien une définition de la prudence.
Réfléchir avant d'agir...
De même, selon Diogène Laërce, les stoïciens considéraient la prudence comme source de la maturité et du bon sens. Ils y voyaient une science, celle des choses à faire et à ne pas faire. Attitude primordiale avant de tenter quoi que ce soit en matière d'Alchimie !

Un autre auteur, alchimiste au 16ème siècle, écrivant sous le nom de Raymond Lulle (pseudonyme calqué sur le nom d'un authentique philosophe et théologien du 13ème siècle) traite lui aussi de la prudence dans son ouvrage « La Chrysopée du Seigneur » (la chrysopée étant un art permettant de transmuter un minéral en or). Il écrit :

> [...] elle nous enseignera à nous défier du Monde, de nous-mêmes, des ruses subtiles des Vices, nos Ennemis conscients et subtils.

Ceci étant précisé, évoquons sans délai cet autre incident dont tu voulais nous faire part.

4

Le coq et la mort

Mon voisin immédiat, M. Lebiaux, élève quelques poules.

Rien à voir avec un élevage industriel : le plus fort contingent qu'il ait eu à gérer n'a jamais dépassé huit volailles, et ce record de population aviaire survint l'heureuse année où une couvée particulièrement réussie avait d'un coup doublé la population de gallinacés.

Initialement, pour une raison d'espace disponible, M. Lebiaux m'avait courtoisement demandé l'autorisation d'installer son poulailler à la limite de mon propre terrain, nonobstant les distances légales de voisinage, ce que je lui avais immédiatement accordé. En effet, j'aime bien les poules, compagnons de jeux de mon enfance, certes un peu stupides mais attachants, quelquefois comiques. Cette proximité me permet d'occasionnellement nourrir ces animaux lorsque je dispose de reliefs à évacuer. À la longue, les gourmands volatiles ayant appris à me reconnaître accourent au grillage à mon approche.

« Petits ! Petits ! Petipetipetipetits ! » scandait ma grand-mère pour appeler la volaille à la distribution de la nourriture. Tout jeune, par mimétisme ancestral, j'ai repris cette habitude à mon compte, instaurant ainsi un code que les volatiles de M. Lebiaux interprètent désormais sans équivoque, indiquant s'il est utile d'accourir ou non.

L'épisode que voici prend place à l'automne 2009.

Les quatre poussins de l'année avaient bien grandi mais, hasard de la génétique, parmi eux se trouvaient deux coqs. Là où un éleveur cruel ne verrait dans cette circonstance que source de profit, un petit éleveur amoureux des bêtes doit s'attendre à des déboires. Au début, n'en déplaise aux grincheux devenant irascibles au moindre bruit et récriminant contre les coquericos, les cloches des églises et celles des vaches de montagne, l'appel vocal d'un gallinacé est plutôt agréable : le champ du coq au lever du jour rappelle au quartier ses origines champêtres, pas si éloignées dans le temps. En tendant l'oreille, on s'aperçoit rapidement qu'au loin, très loin, d'autres coqs se livrent au même exercice. Pour nous, cela donne une touche bucolique de ruralité à notre environnement ; pour eux, c'est un mode de communication indiquant quel individu est à quel endroit et revendique son ascendant sur un territoire et un groupe de poules. Cette rivalité sonore à longue distance s'estompe assez rapidement, la répétition engendrant la lassitude, et le calme revient.

Seulement voilà ! Comme disait péremptoirement ma grand-mère avec beaucoup de bon sens, deux coqs dans un même poulailler, ce n'est jamais bon ! Ce serait comme mettre deux capitaines aux commandes d'un même navire...

Lorsque les deux coquelets, commencent à ne plus se considérer comme des frères mais comme des mâles rivaux, cela devient vite l'enfer ! Surtout pour les malheureuses poules, de plus en plus déplumées puisque soumises aux assauts incessants des deux compétiteurs voulant chacun dominer l'ensemble du maigre cheptel. Le tout accompagné de fréquents combats et de sonores compétitions de chant à toute heure du jour. Sans réel vainqueur, puisque les deux mâles, ayant le même âge, le même poids, considérant chacun le poulailler comme leur territoire exclusif depuis leur naissance et le protégeant bec et ongles, étaient de force et de combativité égale sans pouvoir se départager selon les règles du *pecking order*.

Constatant l'impossibilité de protéger ses poules stressées au point de ne plus pondre, M. Lebiaux me confie son intention de trancher radicalement le débat et les têtes. Samedi prochain, me dit-il, lorsque le cousin de sa femme viendra (celui qui travaille occasionnellement comme bourreau), le coq blanc sera désormais renommé Vol-au-vent !

Gloups ! >

Au même moment, un autre drame se joue dans le voisinage. Dans notre rue, à cent mètres à peine, le bon vieux monsieur Petit vit ses derniers instants. À quatre-vingts ans, sa santé décline depuis une bonne année, son cœur n'en pouvant plus, la circulation sanguine ralentissant, la gangrène s'installant aux extrémités, plus rien à faire. Lui-même, conscient de son état, a demandé à son épouse de refuser tout acharnement thérapeutique.

Et ce qui ne pouvait qu'arriver se produit. M. Petit s'éteint un soir, doucement, assisté par les meilleurs soins possibles et entouré des siens. Au matin, Chantal et moi nous rendons à son domicile pour rendre hommage, saluer la famille, discuter, réconforter la veuve, laquelle encaisse plutôt bien la situation tant elle était prévisible depuis des semaines. Puis suivent les cérémonies funéraires habituelles. Adieu, M. Petit ; vous fûtes un de mes professeurs au lycée, un occasionnel compagnon de route, un voisin agréable.

*

Le lendemain, samedi, est la date prévue pour l'exécution du coq. Celle-ci n'aura vraisemblablement pas lieu sur place car d'après quelques bribes de conversations difficilement captées à distance, il me semble convenu que le cousin-bourreau préfère juste passer prendre livraison de l'animal pour le découper en tranches chez lui.

De mon domicile, je ne peux rien voir de ce qu'il se passe chez mon voisin, car M. Lebiaux réside à l'extrémité de son terrain la plus éloignée du mien, et une dense végétation arbustive nous sépare. Même le poulailler m'est invisible depuis mon intérieur. Pour le voir, je suis nécessairement obligé de sortir et m'avancer d'une dizaine de mètres dans sa direction. Or, une fine pluie s'étant généreusement proposée pour arroser le jardin à ma place, rien ne réclame ma présence dehors. Par ailleurs, mes doubles-vitrages (dont la solidité a précédemment été testée avec succès par les mésanges) m'isolent acoustiquement du voisinage. Donc, si l'un ou l'autre coupeur de têtes de coqs passe dans le quartier, rien ne me permet d'en avoir connaissance. Tout ceci pour vous expliquer que cette triste histoire de coquicide avec préméditation m'est complètement sortie de la tête, l'ambiance étant plutôt à la méditation concernant le décès de M. Petit et les discussions tournant autour de thèmes plus profonds tels que le sens de la vie, la survie de la conscience au-delà de la mort, la présence autour de nous des esprits des défunts. Nous reviennent en mémoire des tranches de vie et des extraits d'ouvrages traitant de « la vie après la vie », la réincarnation et le cycle de samsara, et aussi, bien entendu, l'Alchimie dont un des objectifs populairement cités n'est rien moins que l'obtention de l'élixir d'éternelle jeunesse et l'accès à une vie éternelle (il y a beaucoup de malentendus à ce sujet, mais le présent ouvrage n'a pas pour vocation d'exposer outre mesure notre compréhension de ce domaine).

Vers midi, étant à table, je vois passer soudain un coq blanc errer parmi mes légumes, l'air éperdu et inquiet. Je reconnais sur le champ un des deux coqs de mon voisin, mais suis intrigué de le voir là. La pluie nous ayant quitté, je sors pour m'informer de ce qu'il se passe. Le temps de faire le tour du bâtiment, le volatile effarouché est déjà parti se dissimuler dans des buissons. À l'autre bout de mon jardin, M. Lebiaux peste et jure comme si son cancre de fils venait encore d'échouer à un examen facile. Ses propos, difficilement audibles à cause de la distance m'incitent à sortir et marcher à sa rencontre, bien que je devine plus ou moins le motif de sa harangue.

Rougeaud, soufflant et haletant, il me demande si je n'ai pas vu son coq. Oui : il s'agit bien de la victime désignée qui, ayant échappé aux agents venus l'appréhender (probablement prévenue par un complice) s'était enfuie du poulailler à toutes pattes dès la barrière à peine entrouverte, restant maintenant hors d'atteinte. Après maintes tentatives infructueuses, faute d'avoir pu capturer le volatile, le bourreau dépité était reparti, promettant de revenir dans deux semaines. Au loin, entre les buissons, bien visible dans son immaculé costume de plumes sur fond de feuillage encore vert, le coq vaque, tête haute, semblant narguer son fulminant gardien.

Très rapide à la course, l'animal ne se laisse approcher par personne, passant d'un jardin à un autre. Fataliste, M. Lebiaux me dit que cet *[CENSURÉ]* d'animal finira bien par revenir de lui-même, puisque conditionné à considérer que son « chez lui », sa zone de sécurité, c'est sa cabane dans le poulailler.

Après cette rencontre informelle, je regagne mon intérieur, où Chantal et moi discutons de l'attitude à adopter car – ne le répétez surtout à personne – nous avions pris parti pour le coq. Si, par hasard, il devait revenir par chez nous, pourrions-nous le capturer ou le pousser vers un abri sûr ? Et si oui, qu'en faire ensuite ? Par ses chants, il aurait tôt fait de se dénoncer lui-même ! Le kidnapper et le mettre dans le coffre de la voiture pour aller le perdre loin dans une forêt ? Les risques y seraient grands pour lui, à cause des prédateurs, mais au moins, vu le sort qui lui était réservé, il mourrait libre…

Finalement, vu notre incapacité immédiate à influer sur le cours des événements, nous optons pour une attitude politicienne : ne rien décider, attendre et voir, procrastiner, postposer toute action en espérant que le problème se résolve de lui-même, ne pas intervenir et laisser agir la Providence.

Or, la Providence agissait, de manière discrète, à notre insu !

Nous ne l'apprendrons que le lendemain matin, par ouï-dire. Mais n'anticipons pas.

L'emplacement particulier de notre habitation et la densité de la végétation environnante nous interdisent toute vue directe sur le voisinage, à l'exception de quelques rares secteurs limités, par lesquels nous voyons de temps à autre passer M. Lebiaux, toujours à la chasse au coq, et, à d'autres moments, le coq. Ce jeu dure ainsi jusqu'à la tombée du jour de ce samedi-là.

< *Il y eut un soir,
il y eut un matin,
et vint le septième jour.*

[d'après Genèse, II, 1]

Dimanche, nous apprenons que le coq a été capturé. Ou, plus exactement, qu'il *s'est laissé capturer*... dans le salon de Mme Petit !

Hein... ? Dans le *salon* ? ? ?

L'histoire se confirme pourtant, car peu après, en allant aux nouvelles, Chantal et moi rencontrons cette dame, veuve depuis si peu de temps ; c'est de sa propre bouche que nous recueillons les détails de l'incident.

Étrangère aux événements de la veille, tout occupée aux formalités liées au décès de son mari, elle ignorait tout de la mésaventure de M. Lebiaux, de l'opération Vol-au-Vent, de l'évasion, de l'échec du projet de coquicide, et n'avait rien perçu de l'agitation générée par la chasse à la volaille en fuite. C'est – nous relate-t-elle – totalement par hasard qu'elle aperçoit par sa fenêtre un coq blanc marchant lentement dans sa courette, proche du seuil d'entrée. Intriguée, elle sort sur le seuil à la rencontre de l'animal, sans trop d'illusions, se doutant bien que l'oiseau, non familier, risquait de s'effrayer de sa présence.

À son grand étonnement, il n'en est rien. Au contraire, l'animal vient vers elle, tout en gardant une courte distance de sécurité d'environ un mètre. Mme Petit s'avance alors un peu plus vers le coq qui a l'air moins effrayé que décidé.

– Petit, petit ! l'appelle-t-elle pour l'amadouer et l'approcher, comme je l'aurais fait moi-même.

Elle s'étonne de l'insistance de ce poulet qui, au lieu de prendre le large, manifeste de façon répétitive le souhait de passer derrière elle comme pour rentrer dans la maison.

– C'était vraiment étonnant, ajoute-t-elle. Alors qu'il lui était possible de fuir dans de nombreuses directions, on aurait vraiment dit qu'il voulait entrer chez moi à tout prix, qu'il essayait de me passer entre les jambes !

Sans s'en apercevoir, en effectuant quelques pas prudents en direction du volatile, Mme Petit vient de libérer une portion d'espace entre elle et le mur. D'une démarche souple et véloce, le coq contourne la dame, franchit la porte et fonce dans le salon !

Une fois là, il semble ne plus savoir que faire, l'air égaré. Il erre à gauche et à droite, d'un pas lent, devant le fauteuil favori de feu M. Petit, à l'endroit-même où se trouvait le cercueil deux jours auparavant.

Et Mme veuve Petit ne semblait établir aucune relation entre son mari défunt et l'animal qu'elle appelait par ce même nom...

Comme cela se produit parfois, un oiseau, symbole de la légèreté et de l'envol de l'âme libérée depuis (et ce depuis l'Égypte antique, voire plus tôt encore), était venu délivrer un message de survivance après la mort du corps.

C'est, du moins, mon interprétation. Faites-en ce que vous voulez.

< *Eh ! Attends ! Ne clos pas le chapitre !*
Tu oublies de parler
du symbolisme du coq !

De fait ! C'est en effet à cette époque que, de par nos lectures alchimiques, Chantal et moi découvrons que via le jeu de la Langue des Oiseaux, le coq cache parfois sous ses ailes des significations alternatives insoupçonnées. Personne n'ignore que le coq est le symbole de la Gaule, terroir qui m'a vu naître et m'a nourri (sur bien des plans), mais selon les alchimistes œuvrant au fourneau, le mot coq est aussi quelquefois synonyme de coction, cuisson. D'ailleurs, Roger Caro l'évoque sommairement dans son « Dictionnaire de Philosophie Alchimique », sous le nom de plume de Kamala-Jnana :

< *Oui. J'ai ça dans ma bibliothèque. Voici :*

COQ : Le coq a toujours été l'emblème de la terre. Toutefois, en alchimie, cet animal symbolique possédant des ailes signifie la partie volatile de la terre, Or, c'est bien ce qu'ont voulu représenter les Philosophes quand ils ont fait figurer ce gallinacé sur l'image représentant SOLVE.

SOLVE, c'est le mot latin qu'utilisent les alchimistes pour évoquer la phase de dissolution ; l'autre étape majeure étant son contraire et s'appelant COAGULA. En fait, quelles que soient les difficultés de compréhension introduites dans la littérature alchimique par des auteurs différents, issus de contrées et de cultures différentes, souvent traduits (pas toujours adéquatement), et usant d'un vocabulaire qui leur est personnel lorsque les mots manquent pour décrire une Science comprise par si peu, tout le Grand-Œuvre peut se résumer à ces deux phases majeures : SOLVE et COAGULA. Dissoudre et reconstituer autrement.

LE COQ ET LA MORT

D'ailleurs, c'est notoire, coq = cuisson : un chef-coq est un bien cuisinier, et non un être hybride (corps humain à tête de coq, comme on aurait pu en voir dans le panthéon de l'Égypte antique). Un œuf « à la coque » est bel et bien issu d'une poule (et non pas de son mec emplumé, ce que l'expression pourrait laisser croire) ; par contre, l'expression signifie qu'il est légèrement *cuit. Cuit !CUIT !*

Information plus étonnante : le coq est aussi lié à Mercure. Mercure, c'est une planète, c'est un dieu romain *messager* des autres dieux, c'est aussi un corps chimique toxique (Hg), et c'est encore l'un des trois principes de l'Alchimie (avec le Soufre et le Sel). Logique, dès lors, que Fulcanelli ait évoqué ce gallinacé tant porteur de symbolisme :

> *Dans l'Antiquité, le coq était attribué au dieu Mercure. Les Grecs le désignaient par le mot ἀλέχτωρ, qui tantôt signifie vierge et tantôt épouse, expressions caractéristiques de l'un et de l'autre mercure ; cabalistiquement, ἀλέχτωρ joue avec ἀλεχτος, ce qui ne doit ou ne peut être dit, secret, mystérieux.*
>   *Les Demeures philosophales (Fulcanelli)*
>   *(Chapitre « Le Mythe alchimique d'Adam et Eve »)*

Donc, selon cet Alchimiste, par une allusion discrète à Mercure, (ce dieu qui *révèle* les messages des dieux) le coq signale un savoir sacré qui doit rester secret. Si l'on se réfère à l'étymologie latine, révéler (VELVM = voile) signifie tout à la fois relever le voile (montrer) et re-voiler (RE-VELVM, cacher) !

Coquin, ce coq, qui nous laisse entrevoir un monde invisible communiquant, pour aussitôt l'escamoter !

Fulcanelli... Oui... >
Il fait encore allusion au coq
dans le même ouvrage, au
chapitre « Le merveilleux Grimoire
du Château de Dampierre-sur-Boutonne ».
Nous y lisons ceci :

> *Nous dirons seulement que le vocable grec χηρύχειον, caducée, rappelle par son étymologie le coq, χηρυξ, consacré à Mercure comme annonciateur de la lumière.*

< Et rebelote au chapitre
« L'Homme des Bois » :

> *Moins évocateur est le caducée, qui retient, dans la langue grecque, le sens d'annonciateur. Les mots χηρύχειον et χηρύχιον, caducée, marquent tous deux le héraut ou crieur public ; seule, leur commune racine, χηρυξ, le coq (parce que cet oiseau annonce le lever du jour et de la lumière, l'aurore), exprime l'une des qualités du vif-argent secret. C'est la raison pour laquelle le coq, héraut du soleil, était consacré au dieu Mercure et figure sur nos clochers d'églises.*

Voilà qui éclaire quelque peu le message symbolisé par le coq en Alchimie, après application du décodage de la Langue des Oiseaux par l'entremise du grec ancien :

Coq ↔ Caducée ↔ Mercure (Hermès)

Mercure, dieu romain, reprend plusieurs attributs associés au dieu grec Hermès. L'assimilation entre ces deux divinités est donc facile, d'autant plus – souvenons-nous en – que la culture grecque a percolé en Étrurie bien avant la naissance de Rome.

Pour les Grecs, Hermès est aussi messager des dieux de l'Olympe, effectue la jonction entre la Terre et le Ciel (entre la matière et l'esprit-conscience), et est réputé père de l'hermétisme. Or, précisément, l'Alchimie n'est-elle pas *hermétiquement* scellée et celée ?

Et comment les Alchimistes nomment-ils, de façon codée, l'agent fluidique, impalpable, permettant à l'esprit divin d'imprégner la matière, jouant ainsi le même rôle d'intermédiaire entre le céleste et le terrestre ? Leur *Mercure* !

Autre instructive (quoique subtile) allusion au coq dans l'ouvrage alchimique de Salomon Trismosin « La Toyson d'or ou la Fleur des

Thresors » (Paris, 1612), ici traduite par Eugène Canseliet (in « Alchimie », au chapitre « Philosophie universelle et spirituelle filiation »). Selon S. Trismosin, tout le magistère (soit la réalisation complète du Grand Œuvre) consiste uniquement à cuire :

COQUE, COQUE, ET ITERUM COQUE, NEC TE TÆDAT.
(Cuis, Cuis, et derechef Cuis, ne t'ennuie pas.)

Aussi facile à mémoriser que la recette du chapon rôti : coq, coq, coq, et cuis, cuis, cuis.

Coq, Gaule, et Mercure se retrouvent à nouveau finement reliés entre eux et à la *galle* du chêne dans l'autre ouvrage connu de Fulcanelli « Le Mystère des Cathédrales », au chapitre « Bourges », lorsqu'il se réfère à J. Tollius (1633–696) :

> *Personne n'ignore que le chêne porte souvent sur ses feuilles de petites excroissances rondes et rugueuses, parfois percées d'un trou, appelées noix de galle (lat. galla). Or, si nous rapprochons trois mots de la même famille latine : galla, Gallia, gallus, nous obtenons galle, Gaule, coq. Le coq est l'emblème de la Gaule et l'attribut de Mercure, ainsi que le dit expressément Jacob Tollius ; il couronne le clocher des églises françaises, et ce n'est pas sans raison que la France est dite la Fille aînée de l'Église. Il n'y a plus qu'un pas à faire pour découvrir ce que les maîtres de l'art ont caché avec tant de soin. Poursuivons. Non seulement le chêne fournit la galle, mais il donne encore le Kermès, qui a, dans la Gaye Science, la même signification que Hermès, les consonnes initiales étant permutantes. Les deux termes ont un sens identique, celui de Mercure. Toutefois, tandis que la galle donne le nom de la matière mercurielle brute, le kermès (en arabe girmiz, qui teint en écarlate) caractérise la substance préparée. Il importe de ne pas confondre ces choses pour ne point s'égarer lorsqu'on passera*

> *aux essais. Rappelez-vous donc que le mercure des Philosophes, c'est-à-dire leur matière préparée, doit posséder la vertu de teindre, et qu'il n'acquiert cette vertu qu'à l'aide de préparations premières.*

Ainsi donc, le kermès caractérise la substance préparée. Voici encore une belle occasion de jouer avec la Langue des Oiseaux, car non seulement « kermès » donne le même son qu'Hermès, mais de plus, sur le pourtour de la Méditerranée existe un arbuste touffu à feuilles persistantes et luisantes, petites et coriaces, appelé chêne kermès (*Quercus coccifera*). Cet arbuste toujours vert est bien un chêne (famille des Fagacées), même si sa hauteur n'atteint que trois mètres. Il tire son nom de la cochenille, insecte blanc qui le parasite à outrance et qui, écrasée, étale un sang rouge vif. C'est ce sang que les anciens ont utilisé depuis des temps immémoriaux comme *colorant rouge*. Rouge comme un oxyde de mercure bien connu pour ses propriétés antiseptiques.

< *Oh ! L'Alchimiste Eugène Canseliet trouve encore d'autres corrélations :*

> *« Les anciens consacraient le coq à Mercure et à Minerve. [...] le vocable ''coq'' vient du dialecte dorien kokkoç, qui désigne, en outre, le chêne qui donne le kermès. [...] Après la galle du chêne (latin gallus, coq), c'est donc le kermès, utilisé pour la teinture en rouge qui apporte son tribut au symbolisme hermétique et dont le moins qu'on puisse remarquer est son rapport phonétique avec le mot hermès : mercure. Le coq [...] rappelle surtout le reniement, **trois fois répété**, de saint Pierre, qu'il souligna de son chant. C'est alors que le disciple **galiléen**, reconnu à son **langage**, devint vraiment la **pierre** sur laquelle Jésus bâtit son église et reçut la primauté de pontife suprême et infaillible.*
>
> *(Dans « Alchimie », au chapitre détaillant les stalles de la cathédrale Saint-Pierre de Poitiers)*

Donc, la cochenille parasite le chêne-kermès qui teint en rouge, et elle-même fournit un colorant rouge, comme teint le Mercure adéquatement préparé par les alchimistes. Et en chimie, les oxydes et sulfures de mercure sont rouges. Le coq (kokkoς → chêne) renvoie à saint Pierre (sainte Pierre philosophale). Et la cochenille est associée au chêne dont un autre parasite fréquent, la galle, renvoie aussi à coq (via le latin) et à Gaule. Suis-je clair ?

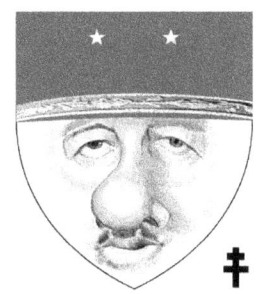

Je vous ai… compris *!* >
Du moins… en général !

On pourrait encore rapprocher la galle de la galène, cette roche grisâtre privilégiée par les pionniers de la radiophonie. C'est un sulfure de plomb, que bien des alchimistes envisagent de transmuter en or, mais c'est là une autre histoire…

5

Le merle kamikaze

Le récit suivant nécessite quelques informations contextuelles préalables.

Comme déjà signalé au début du chapitre 2, Chantal et moi nous rendons assez souvent en Haute-Savoie. Une passion pour la montagne et un attrait pour ce terroir nous y attire de façon redondante. Cette fois, il s'agit d'un séjour de détente entre deux longues périodes de travail, visant non seulement à répondre à notre besoin de ressourcement au sein de la nature mais aussi à explorer un secteur bien précis : le vallon de Bérard, au pied du mont Oreb.

Cette montagne est peu connue. Beaucoup moins que d'autres sommets de la région tels le Mont Blanc, les Grandes Jorasses, le Buet ou l'Aiguille du Midi. Ce n'est pas une montagne particulièrement prisée par les alpinistes touristes, mais l'été, les guides locaux y emmènent quelques clients sportifs désireux d'associer l'effort et la contemplation d'un paysage où la nature règne encore, paradis des marmottes, chamois et bouquetins rarement dérangés.

Situé à la limite du secteur des Aiguilles Rouges, de forme très massive, l'Oreb culmine à 2634 mètres d'altitude. On peut y accéder depuis Chamonix, Vallorcine ou Samoëns (France) ou encore Martigny (Suisse), car la frontière est très proche. L'itinéraire le plus commun part du minuscule village du Couteray, près d'Argentière, via un sentier commode, presque rectiligne, longeant le torrent qui creuse depuis des millénaires le vallon de la Pierre à Bérard et forme une spectaculaire cascade près de la Grotte à Farinet.

Le mont Oreb (face sud)

Les habitués de ce secteur évoquent en connaisseurs plusieurs voies d'escalade dûment répertoriées, sécurisées par des anneaux scellés, nécessitant bien entendu un matériel approprié, et poétiquement dénomées : « l'Été indien », « Into the wild », « Diamants de sang », « Voie inconnue », « La Chasse aux trésors », « Les Chercheurs d'Or »…

Coïncidence ? C'est bien de chasse au trésor et de chercheurs d'Or qu'il s'agit dans notre cas. Les apprentis-alchimistes ne sont-ils pas fréquemment affublés du sobriquet de « Chercheurs d'Or » ? De l'or, de l'argent, des pierres précieuses et des cristaux splendides, on en trouve un peu dans toute cette région. Il se creusa même quelques mines, pas toujours rentables ; le nom de la commune d'Argentière évoque bien sûr un de ces métaux brillants convoités par beaucoup.

Parmi les envieux, Joseph Samuel Farinet (1845-1880), forgeron reconverti en faux-monnayeur (quoique pour une noble cause : aider les plus démunis) vint en 1873 se cacher dans la grotte de la cascade du Bérard pour échapper aux gendarmes suisses. C'est dire combien cette région est empreinte de l'esprit de l'or, ayant même vu s'établir ponctuellement quelques orpailleurs aux quinzième et seizième siècles.

Toutefois, en ce qui concerne Chantal et moi, ce n'est nullement la recherche d'or matériel qui motivait notre séjour en cette zone, mais une quête spirituelle liée au souhait que nous avions de nous imprégner de l'atmosphère de ce lieu qui fut autrefois marqué de l'empreinte de Roger Caro et de ses amis.

"Pouah ! De l'or..." >
comme disait Christian Rosencreutz
(d'après la Fama Fraternitatis).

Notre curiosité envers ce mont Oreb trouvait sa source dans un témoignage rédigé de la main de Daniel Caro, fils cadet de Roger, l'alchimiste. Il raconte comment des habitants d'Argentière, suspectant la présence de filons aurifères aux alentours de leur village au vu de ce que charriaient les torrents déboulant de la montagne, décidèrent de faire appel à un radiesthésiste. Une relation commune les mit en contact avec le Marseillais Roger Caro, lequel vint alors sur place pour exercer ses talents, avec un succès certain. De fil en aiguille, trouvaille après trouvaille, Caro, accompagné de sa femme et de son fils, nouèrent une solide amitié avec cette famille d'Argentière dont le nom résonne dans toute la vallée comme dans les glaciers, et dont un membre fut même maire à Chamonix.

Mont Oreb... Ce nom évoque étrangement la montagne du Sinaï où Moïse, selon le récit biblique, aurait transcrit les Tables de la Loi contenant dix commandements divins, au détail près que ce mont-là est orthographié en français avec un H aspiré (issu de l'initiale hébraïque dure 'hèth'). D'où pourrait provenir cette appellation savoyarde conférant à cette montagne une touche de sacré ?

Les références historiques précises font défaut. Toutefois, pour autant qu'on s'en souvienne, les Vallorcins ont toujours désigné ce sommet sous le nom d'Avouille Mousse (Aiguille Emoussée), ou Tête Motze ou Moutze (Tête arrondie) ; ce qu'un simple coup d'œil vers cette montagne permet aisément de comprendre. De là, par déformation phonétique, en faire un « Mont Moïse » dans l'esprit de certains ? Pas sûr, même si l'assonance (typique en Langue des Oiseaux) est ici évocatrice.

Une autre piste est avancée par Mme Germaine Lévi Pinard, dans son ouvrage de 1974 « La vie quotidienne à Vallorcine au XVIIIe siècle ». En ce temps-là, ni le ski ni l'alpinisme n'étaient pratiqués. La haute montagne était perçue comme un terrain dangereux, hostile, aride, impropre à l'agriculture hormis le pâturage en alpage. Personne n'avait l'idée saugrenue de grimper là-haut pour s'y enfler l'égo d'air vivifiant, à l'exception de quelques « ascensionnistes » étrangers, pionniers d'une discipline pas encore popularisée. La plupart des sommets n'avaient même pas de noms !

Un jour, un célèbre naturaliste vint à passer par là : Horace-Bénédict de Saussure (1740-1799), physicien et géologue, parcourant villages, pâturages, pentes et sentiers dans l'idée de cartographier les alentours du Mont Blanc, interrogeant les habitants pour compléter ses notes. Ce fut le cas dans les hameaux du Couteray et de La Poya, au débouché du vallon de Bérard. On raconte que M. de Saussure se serait enquis, auprès d'un dénommé Pierre Bozon, résident local, du nom de cette montagne connue sous le nom de Tête Moutze. Là serait survenu un malentendu. Pour le savant, la question concernait la montagne, tandis que l'autochtone crut qu'il était question du pâturage à l'avant-plan, dénommé par les villageois « lo Rey ». Et Saussure l'aurait maladroitement retranscrit « l'Oreb ».

< *Saussure et certaine : grand savant, mais malentendant !*

Interprétation plausible, mais non garantie…

Permettez-moi ici une longue mais indispensable digression.

Le présent livre étant centré sur la Langue des Oiseaux, autorisons-nous ici de cabaler un tantinet, de jouer avec les mots et les lettres, histoire de voir où cela pourrait nous mener.

Roger Caro pratiquait la langue hébraïque. Peut-être pas sans erreurs, puisque ce n'était pas sa langue maternelle, mais il appartenait à cette génération dont la scolarité imposait l'étude des langues « classiques », à savoir le latin, le grec et l'hébreu. Il a d'ailleurs publié un ouvrage intitulé « Traduction Alchimique du Siphra di Tzeniutha de Moïse » (Éd. du Sphinx, 1998) ; c'est dire combien Moïse et son langage était un thème important aux yeux de notre alchimiste marseillais séjournant occasionnellement en Haute-Savoie. Ce mont dénommé Oreb, présent dans le paysage à seulement quelques kilomètres de son lieu de villégiature, ne pouvait qu'éveiller son attention.

En hébreu, le nom du mont de Moïse s'écrit חֹרֵב (Hèth, Rèch, Beïth). Notez que l'initiale Hèth (donc : à droite dans ce mot) est une gutturale, bien sonore. C'est pourquoi les grecs l'ont retranscrite sous forme d'un Khi (X) : Χωρηβ. Faute de mieux, dans la Vulgate, les Latins ont écrit « Horeb », approximation acceptable. Toutefois, à la fin du mot, la lettre ב (Beïth) est dépourvue de point central, ce point diacritique (nommé Mapiq, ou Dagesh) qui transforme une consonne fricative en consonne explosive. La logique voudrait donc que l'on prononce Horev, ce que certains ouvrages soulignent.

Mon but n'est nullement de vous ennuyer avec un cours d'hébreu, ni de faire un étalage superfétatoire d'une culture plutôt lacunaire, mais bien d'attirer votre attention sur quelques détails discrets, dans lesquels – dit-on – pourrait se cacher le Diable…

L'hébreu ancien ne comportait que des consonnes. Pour garantir la fidélité de la prononciation, de futés linguistes ont, bien des siècles plus tard, ajouté les petits signes diacritiques que vous apercevez dans ce mot חֹרֵב afin de fixer correctement les voyelles. Sans ces petits indices à peine visibles, il serait bien malaisé de distinguer un 'e' d'un 'i', ou un 'a' d'un 'o'. Cet ancien alphabet sans voyelles (et aussi sans points, ni virgules, ni espaces séparant les mots !) a permis l'éclosion d'une discipline très particulière : la Kabbale. Elle autorise de multiples lectures d'une même suite de caractères, ajoutant de nouvelles significations aux sens premiers. La Kabbale hébraïque (קַבָּלָה, kabalah) se définit comme une réception, un accueil. Accueil de quoi ? De Qui ? La question est pertinente, et ressemble fort à celle qui fut la nôtre lors de l'épisode de l'oiseau Toc-toc : il s'agit d'accueillir un message ; je vous laisse choisir son auteur selon vos convictions personnelles.

Méditer sur des suites de caractères pour en faire jaillir des significations occultées ressemble à un libre jeu fantaisiste, puérile autant que stérile. Et pourtant, c'est un exercice débouchant sur une véritable libération du mental, laissant de côté la logique et l'intellect pour laisser libre cours à l'association d'idées, à la poésie, à l'imaginaire, aux connexions non consensuelles. Souvenez-vous des logiques absurdes du jongleur de mots qu'était Raymond Devos. À force, par répétition, cela peut devenir une technique d'accès à une autre compréhension du Monde dans laquelle l'omniprésent mental doit céder du terrain.

Notre Langue des Oiseaux pourrait bien en être une variante occidentale de cette jonglerie kabbalistique. Un exemple ? Kabbale, justement : il y a Kabbale et Caballe, ce dernier mot dérivant du grec χαβάλλης (caballès) signifiant « cheval de somme, de travail ». Et comme un cavalier d'échiquier cavale en avant, en arrière, à gauche, à droite, en 'L', cabalons, caballons et kabbalons avec cœur et en chœur avec nos Oiseaux, laissons voler les syllabes en cavale et s'envoler les significations cachées.

En hébreu, חֹרֶב (Oreb), HRB, signifie désert, aride, desséché, brûlé. Description pertinente concernant le territoire du Sinaï, non ? Ce même adjectif signifie aussi détruit, ravagé, dévasté. Mais HRB, חֶרֶב, c'est encore une épée, un sabre, un glaive ! Évitons de glisser hors-sujet, car l'épée est sans rapport avec notre Oreb haut-savoyard, mais constatons combien une simple différence de prononciation, graphiquement signalée par d'infimes variations de petits points à peine visibles, conduit à des significations radicalement différentes ! Toutefois, « épée, sabre » d'une part, et « détruit, dévasté » d'autre part ne sont pas sans rapport : une signification peut enrichir l'autre, ouvrant sur tout un imaginaire, par associations. Ainsi fonctionnent la Kabbale et la Langue des Oiseaux : décrypter les différents sens profonds de textes recouverts par le voile intellectuel des mots et libérer la conscience de la trop étriquée boîte crânienne où notre conditionnement l'a emprisonnée.

En hébreu biblique existe un autre mot se prononçant 'oreb : עֹרֵב (עוֹרֵב en hébreu actuel) signifiant corbeau. Orthographes différentes mais homophonie, nous pouvons donc explorer ce mot et le passer au filtre de la Langue des Oiseaux, sans même nous demander si des corbeaux nichent dans les falaises de l'Oreb haut-savoyard (probable, mais incertain).

Le corbeau est noir, c'est bien connu. Or, son nom biblique ('oreb, ou 'owreb, ou 'orab) dérive d'un autre mot se prononçant 'arab (ou awrab) signifiant devenir sombre, noir, comme lorsque la nuit tombe. Généralement, ce mot hébreu 'arab est rendu en français par "tard", "se faire tard", "soir", ou "disparaître", sachant qu'une racine primaire de ce mot signifiait "recouvrir d'un voile".

Assombrir, obscurcir, recouvrir d'un voile, l'ésotérisme n'est jamais bien loin ! Ne soyez donc pas surpris qu'en Alchimie le corbeau représente l'œuvre au noir, la phase de putréfaction indispensable pour décomposer toute structure existante afin de lui offrir l'opportunité de renaître sous une autre forme. De la noirceur renaîtra la vie, comme le démontre un compost bio bien réussi : les vertes matières végétales pourrissent, noircissent et avec l'aide d'agents invisibles (la masse laborieuse des vers de terre et des bactéries, l'eau de pluie, l'air) deviennent un riche terreau propice à l'émergence de formes de vie nouvelles. Un principe nourricier se dissimule dans la noirceur symbolisée par le corbeau ; on le retrouve donc tout naturellement dans des récits légendaires[1] apportant du ciel une nourriture salvatrice à un protagoniste affamé.

---

1 Au sens où l'entendait Roger Caro dans son « Legenda des Frères Aînés de la Rose+Croix » : "ce qui doit être lu, ce qu'il faut savoir lire (entre les lignes)".

C'est le cas de saint Benoît de Nurcie, fondateur de l'ordre des Bénédictins : retiré du monde, seul dans une grotte, par sa discipline qui suscite l'admiration, il fait de l'ombre à un prêtre jaloux, lequel finit par décider sa perte et lui fait livrer un pain empoisonné ; Benoît est heureusement sauvé par un corbeau providentiel auquel il demande ensuite d'emmener au loin cette non-nourriture.

Corbeaux, aussi, dans l'histoire du prophète biblique Élie. Propagandiste religieux de tendance pro-Yahvé, il entre en conflit avec les prêtres de Baal et donc aussi avec le couple royal qui voue un culte à cette autre divinité. Elie provoque une petite guerre de religions en défiant ses adversaires, les sommant de produire un miracle et, lorsque ceux-ci échouent tandis que lui réussit, il égorge tous les prêtres de Baal. Jézabel (la reine du Baal) le prend très mal, et veut trucider Elie qui doit alors s'enfuir au désert. Il y passe 40 jours avant d'atteindre le mont Horeb (Tiens ? Le monde est petit !). Là, il prie, médite et attend une révélation. Celle-ci survient lorsqu'à force de travail sur lui-même (conformément à l'adage alchimique ORA ET LABORA – prie et travaille), il établit un contact avec le Divin dans le silence de ce désert aride. Il s'isole ensuite volontairement à Kérith, vit en (H)ermite à proximité d'un torrent affluent du Jourdain lui fournissant de l'eau à profusion, et – détail qui nous intéresse ici – il est approvisionné en nourriture (pain et viande) par des *corbeaux*. Après quoi, il est sanctifié et devient ouvrier au service du Divin, ce qui lui permet de réaliser quelques miracles. Plus tard, transcendant la mort, il accédera à la vie éternelle, résidant au Ciel après y avoir été emporté par un char de feu.

< *C'est celââ, oui : il a été abducté par une soucoupe volante et est revenu mille ans plus tard faire coucou à Jésus et ses potes lors de la Transfiguration ! Si ça c'est vrai, je veux bien être changé en petit gris !*

– Que ta volonté soit faite, sur la Terre comme Ailleurs (*out there*)...

Mais enfin !
C'était pour rire !
Ce n'est pas gai...
Allez, quoi !
Détransmute-moi !

– Ce qui est dit est dit. Parole donnée est sacrée ! Toutefois, sache que tu peux réussir toi-même ta « détransmutation », à condition d'y croire très fort. Ne néglige pas la puissance de la foi capable de soulever les montagnes ! De plus, la méthode Coué pourrait t'aider...

Pendant qu'Harold se désaliène dès que possible, je vous rapporte cette historiette immortalisée dans la pierre d'un chapiteau de colonne de la basilique Sainte-Marie-Madeleine de Vézelay.

Ce bâtiment ecclésiastique constitue une étape mythique, prisée par de nombreux pèlerins cheminant vers Saint-Jacques de Compost. (Non, ce n'est pas une *coquille* ; c'est voulu, eu égard au contexte, puisque le Compost – ou Compôt – est le résultat de l'œuvre au noir des Alchimistes.)

On y voit, sculptés, Antoine et Paul partageant en deux un pain rond. L'épisode n'est probablement pas historiquement fiable, mais il a été popularisé par *La Légende dorée*, ouvrage de Jacques de Voragine relatant maints faits merveilleux attribués aux saints afin d'affirmer la foi des chrétiens.

Il se raconte donc que l'ermite Paul (de Thèbes, en Égypte) était miraculeusement ravitaillé par un corbeau lui apportant un petit pain quotidien. Un jour, il reçut la visite de son ami Antoine (un abbé qui devint lui aussi ermite, puis saint). Ce jour-là, averti on ne sait comment, le corbeau n'apporta pas un petit pain ordinaire, mais un double pain que les deux hommes purent se partager !

Notez que, sur ce chapiteau, tous les éléments sont présents en double, ce qui n'est pas sans rappeler combien cette particularité (la dualité) est souvent associée aux Templiers.

Chapiteau des ermites, basilique de Vézelay

Mais plus exactement, cette représentation évoque l'alchimie, *dixit* Jean-Claude Mondet dans son ouvrage « La Madeleine de Vézelay – Voyage initiatique » :

> *En réalité, ce chapiteau est une représentation alchimique, [...] le sculpteur a traité son sujet en y glissant un symbolisme qui s'y rapporte... Peut-être est-ce le corbeau qui l'a inspiré ? En effet, en accord avec sa couleur, ce volatile est le symbole de l'œuvre au noir. C'est bien de cela dont il s'agit ici, c'est la première phase du grand*

> œuvre alchimique qui est représentée. Celle-ci consiste à mélanger en justes proportions le soufre et le mercure, l'élément mâle et l'élément femelle, le positif et le négatif, puis à les cuire dans l'athanor pendant quarante jours (la matière multipliée par dix !) pour en sortir le compost, prêt pour la phase suivante.

Je laisse à cet auteur la responsabilité de ses affirmations. Toutefois, son paragraphe suivant me semblant particulièrement pertinent, je vous le retranscris aussi :

> Le corbeau, comme tous les oiseaux, unit la terre et le ciel, c'est donc un symbole d'élévation. Sa couleur noire est celle de la terre et représente l'obscurité dans laquelle nous sommes à ce stade.

Corbeau encore : Selon la Genèse (8 : 7), lors de la fin du Déluge, tandis que l'arche navigue toujours sur les flots en voie d'apaisement, le corbeau est le premier animal que Noé relâche afin de vérifier si les eaux se retirent et si la terre *ferme* émerge quelque part. Le corbeau fera de nombreux allers-retours entre le ciel éthéré et le vaisseau [1], mais reviendra bredouille car le processus de nettoyage de la terre n'est pas achevé ; c'est la blanche colombe [2] qui finalement rapportera un rameau d'olivier à Noé, qui derechef, cingle vers le mont Ararat, emmène l'arche mais n'en mène pas large !

Auriez-vous imaginé combien le corbeau était un symbole important aux yeux des alchimistes ?

Ce n'est certes pas par hasard que Jean-Julien Champagne (1877-1932), illustrateur des ouvrages signés Fulcanelli a placé ce dessin en frontispice du « Mystère des Cathédrales » :

---

[1] Le vaisseau guidé par Noé est à rapprocher du récipient que les Alchimistes dénomment vaisseau, eux aussi. Le corbeau (un volatile) effectue plusieurs fois l'aller-retour entre le vaisseau et l'éther. De nos jours, l'éther a conservé un sens poétique pour désigner le ciel, les cieux. Par contre, au Moyen-âge, il désignait une sorte de fluide extrêmement subtil, impalpable, mais vital et nourricier, dans lequel baigne toute matière.

[2] La blanche colombe succède au corbeau noir, marquant la transition entre l'œuvre au noir et l'œuvre au blanc.

LES OISEAUX M'ONT DIT, DANS LEUR LANGUE...

Le frontispice est au début de l'œuvre comme le Noir est au début du Grand-Œuvre. Il existe une expression très connue en alchimie : Couper la tête au corbeau. Elle évoque la fin de l'œuvre au noir, au moment où la matière ayant fermenté en vase clos (Hermétiquement, bien entendu) est remise en contact avec le mode extérieur en coupant adroitement le col du ballon utilisé pour la putréfaction, comme nous le confirme Roger Caro (sous le pseudonyme de Kamala-Jnana) dans son Dictionnaire de Philosophie Alchimique :

> CORBEAU : *Compôt au noir très noir.*
> COUPER LA TÊTE AU CORBEAU : *Action de desceller le compôt au noir.*

Et Fulcanelli n'en reste pas là. Toujours dans ce même ouvrage, dans la partie « Paris » (Chapitre III), il nous décrit les médaillons sculptés sur le stylobate (soubassement continu de colonnes, orné de sculptures) externe de la cathédrale Notre-Dame et nous précise :

> *Si nous commençons par le rang supérieur, côté gauche, le premier bas-relief nous montrera l'image du corbeau, symbole de la couleur noire. La femme qui le tient sur ses genoux symbolise la Putréfaction. Qu'il nous soit permis de nous arrêter un instant sur l'hiéroglyphe du Corbeau, parce qu'il cache un point important de notre science. Il exprime, en effet, dans la cuisson du Rebis philosophal, la couleur noire, première apparence de la décomposition consécutive à la mixtion parfaite des matières de l'Œuf. C'est, au dire des Philosophes, la marque certaine du succès futur, le signe évident de l'exacte préparation du compost. Le Corbeau est, en quelque sorte, le sceau canonique de l'Œuvre, comme l'étoile est la signature du sujet initial.*

Le corbeau est aussi *dissimulé* dans un autre ouvrage bien plus ancien, datant du XVIème siècle, intitulé « Splendor Solis ». Il s'agit d'une compilation de textes en allemand illustrés de gravures, attribuée à Salomon Trismosin. Dans son troisième opuscule (sixième parabole), on y voit un homme cruel démembrer un *corps beau* en vue de le faire pourrir :

> *Rosinus a voulu montrer cela par une vision qu'il eut d'un être humain qui était mort et était pourtant le corps le plus beau, entièrement blanc comme un sel, qui était démembré en morceaux, et sa tête était d'or fin mais coupée du corps. Près de lui se trouvait un homme difforme au visage cruel et noir, qui tenait une épée à double tranchant dans sa main droite, ensanglantée, et il était le meurtrier de l'homme bon. Dans sa main gauche, il tenait un bout de papier sur lequel était écrit ceci : "Je t'ai tué afin qu'une vie surabondante te*

soit transmise. Mais ta tête, je veux la dissimuler et la dévaster dans la terre afin que les vicieux de ce monde ne puissent te trouver. Et ton corps, je l'enterre afin qu'il pourrisse, qu'il s'accroisse, et porte d'innombrables fruits."

« Couper la tête au corps beau » est une formulation ludique qui ravirait tout pratiquant de la Langue des Oiseaux, d'autant plus qu'elle est ici appliquée à un ouvrage alchimique et se rapporte effectivement à une action clôturant la phase initiale de pourrissement de la matière (œuvre au noir) afin d'en faire ensuite rejaillir la Vie. Toutefois, vu que c'est moi-même (épaulé par une talentueuse équipe) qui ai traduit le Splendor Solis depuis le texte en ancien allemand, je peux vous certifier que ce jeu de mots, si pertinemment évocateur en français, est pourtant totalement absent du texte original !

Comme quoi il y a des mystères qui nous dépassent...

Couper la tête au corbeau, c'est mettre fin au processus de putréfaction (désintégration, désagrégation[1]). Cette action met fin à l'œuvre au noir, auquel succède l'œuvre au blanc, comme nous le rappelle Nicolas Flamel dans son « Livre des Figures hiéroglyphiques » en se basant lui-même sur des auteurs de référence plus anciens encore :

Regarde bien cet Homme en la forme d'un saint Paul, vêtu d'une Robe entièrement orangée blanche. Si tu le considères bien, il tourne le corps en posture qui démontre qu'il veut prendre l'Épée nue, ou pour trancher la tête, ou pour faire quelque autre chose sur cet Homme qui est à ses pieds à genoux, vêtu d'une robe orangée, blanche et noire, lequel dit en son Rouleau : "Dele mala quae feci", comme disant : Ote-moi ma noirceur, terme de l'Art. Car mal signifie par Allégorie la noirceur ; ainsi en la Turbe[2] on trouve "Cuis jusqu'à la noirceur, qu'on estimera être mal". Mais veux-tu sçavoir que veut dire cet Homme qui prend l'épée ? Il signifie qu'il faut couper la tête au Corbeau, c'est-à-dire à cet Homme vêtu de diverses couleurs, qui est à genoux. J'ai pris ce trait et figure d'Hermès Trismégiste en son "Livre de l'Art secret", où il dit : Ote la tête à cet homme noir ; coupe la tête au Corbeau, c'est-à-dire blanchis notre Sable. Lambsprink,

---

1 En Langue des Oiseaux, la désagrégation est aussi une dés-agrégation. Que les agrégés en divers savoirs en prennent bonne note !

2 Turba philosophorum ou Tourbe des Philosophes (au sens d'Assemblée des philosophes) est un des premiers et des plus célèbres textes de l'alchimie occidentale.

> *Gentilhomme Allemand, s'en étoit déjà servi au Commentaire de ses Hiéroglyphiques, disant : "En ce Bois il y a une Bête qui est toute couverte de noirceur ; si quelqu'un lui coupe la tête, alors elle perdra sa noîrceur, et vêtira la couleur très-blanche. Voulez-vous entendre ce que c'est ? La noirceur s'appelle la tête du Corbeau, laquelle ôtée, à l'instant vient la couleur blanche, alors, c'est-à-dire quand la nuée n'apparaît plus, ce Corps est appelé sans tête. Ce sont ses propres mots.*

En effet, ce qui détonne chez le corbeau, c'est la noirceur de ses plumes. Spirituellement parlant, le noir a quelque chose de particulier : est-ce une couleur, ou une absence de couleur ? Le noir représente quelque chose de caché, l'esprit intérieur. Il signifie d'une part que la lumière intérieure de l'âme n'est pas encore libérée, et d'autre part, que le chercheur prend ses distances par rapport à la lumière ordinaire de la nature : il abandonne un paradigme pour s'en forger un autre, c'est un peu comme mourir pour renaître. Donc, en tant qu'oiseau noir, le corbeau est le signe du commencement du chemin spirituel. Dans l'œuvre au noir, l'alchimiste « meurt dans l'alambic ».

Le Corbeau ('oreb) représente donc l'œuvre au noir, et lui « couper la tête » marque l'étape transitoire vers une nouvelle phase : le véritable début d'un travail de reconstruction de soi sur une base épurée. Un peu comme lorsqu'il est opportun de détruire une bicoque en ruine et d'en récupérer les briques pour en rebâtir une neuve, bien plus belle, bien plus adéquate.

Fin de la longue digression ; revenons à notre historiette.

*

Nous retrouvons donc tout naturellement le mont Oreb (celui de Haute-Savoie), le Vallon de Bérard, et Roger Caro initialement invité dans la région en amont de Chamonix en tant que radiesthésiste pour aider des prospecteurs à découvrir des filons minéraux, mais qui, par la suite, se fit des amis à Vallorcine et, de ce fait, y séjourna quelquefois.

Roger Caro était aussi thaumaturge, alchimiste, féru d'hébreu et de liturgie. Sa foi était grande, au point de produire des déplacements par télékinésie et des matérialisations. Pour une biographie plus étoffée de cet étonnant personnage, se reporter à l'Annexe (p. 181).

Inspiré par la dénomination biblique de ce mont Oreb, pour des raisons qui restent obscures, il entreprit de le « sacraliser » à sa manière, décidant de faire incruster dans cette montagne une parcelle d'or alchimique. Un beau matin du mois d'août 1960, sur son initiative, quelques solides montagnards de ses amis gravirent l'Oreb au départ du vallon de Bérard pour graver à belle hauteur quelques traits sur un pan de rocher.

Gravir pour graver ? >
C'est grave !

Ce bas-relief rustique, buriné à plus de 2000 mètres d'altitude, imparfait à cause des irrégularités de la roche, représente les « Tables de la Loi » transcrites – selon les dires de ses concepteurs – au moyen de caractères issus de l'alphabet cunéiforme :

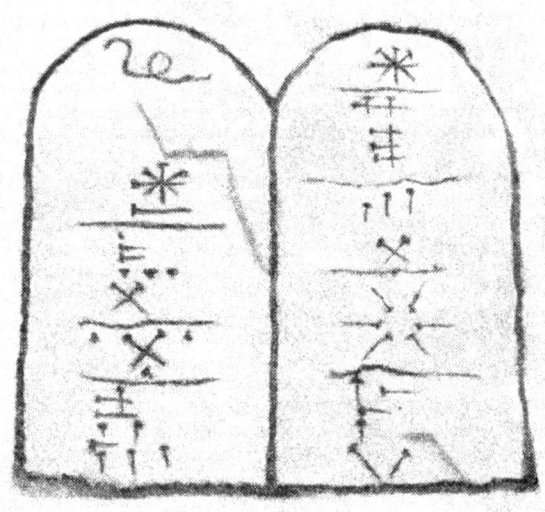

Ne pratiquant aucunement ce langage, je me garderai d'ajouter le moindre commentaire à son sujet, signalant uniquement l'ajout, à droite de ces Tables, de l'inscription SUM QUI SUM en caractères gothiques selon un rituel prescrit, si l'on en croit l'auteur-commanditaire. Par contre, ce bas-relief très haut, proche du Très-Haut et de Tré-les-Eaux (lieu-dit voisin), sert de balise pour repérer l'emplacement de ce qui fut enfoui non loin de là deux jours plus tard : un tube de plomb de 40 centimètres de long, soudé à ses extrémités, dans lequel ont été introduits une boîte en onyx scellée contenant de « l'or de l'Éternel » et un procès-verbal racontant l'érection des Tables. Sur ce tube est gravée l'inscription en grec ESKATO BEBELOI, voulant signifier « Arrière aux profanes » !

Si l'objet intrigue par sa connotation magique, la cérémonie sacrée entourant l'opération ne pourra qu'interloquer les susdits profanes : gestes de dévotions et marques de respects envers les Tables gravées, usage d'encens, de parfums et d'eau bénite, prosternations, prières, invocation à l'Éternel, imposition des mains, il s'agit de rien moins qu'une discrète mais très sérieuse consécration religieuse de la montagne, via plusieurs actions cérémonielles successives dont la dernière (vers 13 heures) implique le soleil au moment où sa lumière est la plus intense. Les cérémonies achevées, au grand étonnement de tous, un fin filet d'eau se met à suinter d'au-dessus des Tables et les humecte.

C'est, du moins, ce dont atteste le compte-rendu, signé par les sept participants en date du 29 août 1960.

À quoi rimait donc cette étonnante cérémonie ? Tous les adultes y ayant participé étant aujourd'hui décédés, nous ne pouvons plus qu'émettre des conjectures difficilement vérifiables.

Un indice nous est pourtant donné dans le « Dictionnaire de Philosophie Alchimique » édité par Georges Charlet en 1961 :

> « Les TABLES de la LOI gravées dans le roc d'HOREB par les mains d'un Prophète, rappellent que la réussite de la « Pierre » dépend de leur observation. »

Précepte alchimique, donc, puisque l'expression « réussir la Pierre » (Philosophale) évoque la menée à terme du Grand-Œuvre. Mais quant à aller buriner ce très pertinent rappel en un lieu perdu où quasiment personne ne peut
    1) trouver son emplacement,
    2) le voir,
    3) le comprendre,
c'est à se poser la question de la pertinence du geste ! Sur le plan de la logique en tout cas. En matière d'action spirituelle, il se pourrait que cette démarche ait été opérative, pertinente et adéquate, mais seules les personnes aptes à percevoir cet aspect occulté du Monde seraient à même d'en parler. Or, comme souvent en ces domaines touchant au sacré, « ceux qui savent ne parlent pas, ceux qui parlent ne savent pas », selon l'adage mettant en garde contre les baratineurs soucieux de popularité à but lucratif...

Lors de mes recherches préliminaires, j'avais contacté par courriel différents acteurs locaux susceptibles de localiser ces Tables : Office du Tourisme de Vallorcine, de Chamonix, Maison des Guides de montagne... Personne n'était au courant ! Des mois plus tard, j'ai appris que ma requête intrigante avait rebondi dans toute la vallée, écho mettant en émoi toute la communauté de montagnards ! Depuis, bien des années ont passé. Les Tables ont été retrouvées, et les alpinistes de passage y font un détour, comme pour aller visiter un oratoire signalé dans les guides touristiques, probablement sans se douter de la signification profondément religieuse et alchimique attachée à ce site. Le lieu consacré par Caro et ses amis n'est donc plus aussi inaccessible qu'à l'époque puisque la montagne est de plus en plus parcourue par de jeunes sportifs dotés d'un matériel performant et formés aux techniques de grimpe ; quelques pages sur Internet y font allusion, rendant le pèlerinage possible à ceux qui le souhaitent, à condition de ne pas négliger le précieux avertissement : Arrière aux profanes !

Alors, *quid* ? Roger Caro aurait-il pu, par voyance ou prémonition, deviner qu'un nombre croissant de pratiquants de la montagne accéderaient à cette stèle plus d'un demi-siècle plus tard ? Penchez-vous plutôt pour l'hypothèse d'une pratique d'une secte d'illuminés ?

Pour une farce d'alpinistes amateurs d'humour décalé ? Passe-temps pour montagnards désœuvrés ? Dédicace religieuse d'un mont, en vue d'attirer une protection divine sur ce lieu comme lorsqu'on érige une croix sur un sommet ? Simple acte de dévotion envers Dieu par l'entremise du sosie de sa montagne sacrée, ou sincère et très sérieux acte de magie opérative ?

Cette dernière supposition est à retenir, car nous savons que de telles consécrations ont lieu par l'entremise d'alchimistes. Roger Facon, auteur prolifique de romans de fiction (mais pas seulement de fiction !), en témoigne notamment dans ses ouvrages « Fulcanelli & Les Alchimistes Rouges » et « Fulcanelli et la géopolitique du Diable ». Il y relate les actions clandestines de verriers français du Nord qui, sous l'égide de Fulcanelli, auraient enfoui de manière similaire, dans des endroits stratégiquement choisis, des artefacts (qu'ils dénommaient « attaches ») fabriqués dans leurs « fours à étoiles » selon des procédés alchimiques afin de contrebalancer positivement d'autres amulettes à vocation maléfique disséminées par des sectes aux visées sinistres.

Était-ce à ce genre de pratique occulte à but bénéfique que se livraient les amis de Roger Caro ? Je n'en sais rien, et d'ailleurs, la réponse à cette question est sans impact sur la suite de mon récit, mais ces faits devaient être portés à votre attention afin de bien saisir le contexte de notre déplacement en Haute-Savoie. Maintenant que le décor est posé et explicité, il est temps de vous narrer l'incident impliquant le merle kamikaze annoncé en titre du présent chapitre.

*

La scène se situe le 8 septembre 2005, aux environs de midi, en la vallée du Giffre, cours d'eau à débit très variable né de la fusion des nants dévalant en cascades dans la cluse du Fer-à-Cheval. Nous occupons un appartement d'un vaste immeuble avec de grands balcons (détail important).

Ce jour étant dédié à la fête de la nativité de la Vierge Marie, l'heure est à la méditation et aux saines lectures avant qu'advienne bientôt le moment de préparer le repas de mi-journée. Je ne me souviens plus exactement de mon activité précise du moment mais, de son côté, Chantal lit dans le divan un ouvrage traitant des univers parallèles et d'autres dimensions accessibles par des techniques spirituelles. Emportée dans ses réflexions, elle se dit qu'il ne serait alors pas impossible que dans un univers différent mais superposé au nôtre, proche mais invisible à nos sens, se trouve là, au milieu du salon, un mur appartenant à un de ces autres univers, et que sans même nous en rendre compte, plusieurs fois par jour, nous traverserions ce mur inexistant pour nous. Vrai ou pas vrai ? Possibilité ou pure spéculation gratuite ? Fidèle à son habitude, Chantal s'en remet aux « Êtres invisibles qui nous guident » (ou, si vous voulez, à Dieu, ou à la Nature, ou à l'inconscient collectif, etc.) et, en silence, dans son for intérieur, elle demande instamment une confirmation de l'existence de cette autre réalité.

Dans l'instant qui suit, un merle se projette sur la grande baie vitrée de l'appartement !

Pour lui, la vitre transparente est invisible, tout comme le mur d'un des autres univers supputés par Chantal. À défaut de pouvoir la traverser, il s'étale dessus à grand fracas, laisse une grande trace de déjections, et tombe sur le balcon ! Aussitôt, nous nous précipitons afin de lui porter secours si cela nous est possible. Fort heureusement, il est sain et sauf. Rien de cassé, à peine sonné. Il se redresse, secoue la tête, réarrange ses plumes et s'envole aussitôt, avant même que nous ayons eu le temps d'ouvrir la porte donnant sur le balcon.

Pas de dégâts, hormis une salissure molle à nettoyer sur la vitre ; tout est *OK*, et Chantal a obtenu la confirmation requise : les murs transparents existent bel et bien, comme vient de nous le confirmer un individu de petite taille pratiquant au quotidien la Langue des Oiseaux.

Ne clôturons pas immédiatement cet incident, car il pose question à l'esprit cartésien. Il n'est pas rare que des oiseaux s'écrasent sur des vitres, cela leur est même parfois fatal. Afin de réduire ce risque d'accident, certaines vitres se voient parfois ornées de silhouettes de prédateurs ; je pense en particulier à des chats factices ou des représentations de faucons, susceptibles de provoquer *in extremis* un réflexe de fuite de la part des volatiles maladroits ayant obtenu leur brevet de pilote dans une pochette-surprise. Les oiseaux qui se crashent sur des vitres sont généralement abusés par le reflet du ciel sur celles-ci : ils croient voir un espace dégagé, sécurisé. Mais voilà ! Dans le cas de notre merle kamikaze, l'hypothèse ne tient pas la route, car – comme je vous l'ai signalé précédemment – l'immeuble qui nous accueille est doté de grands balcons se déportant sur plus d'un mètre, et bien plus larges que la baie vitrée ; le ciel ne se reflète pas sur la vitre, masqué qu'il est par le balcon de l'étage du dessus !

C'est à croire que « notre » merle est venu tout droit vers nous, sans hésitation, comme pour entrer. Certes, les merles sont peu farouches, mais pas au point de venir se faire caresser par des humains. Dans cet incident caractéristique d'une synchronicité signifiante, Chantal et moi ne pouvons que voir un message directement adressé à notre attention, en Langue des Oiseaux.

Ai-je bien évoqué une synchronicité ? Un « hasard » en appelle un autre : une demi-heure plus tard, notre immeuble et toute la région tremblaient, agités par une secousse sismique dont la magnitude fut rapidement évaluée à 4,5 sur l'échelle de Richter…

Un merle n'est pas un corbeau, c'est évident pour tout le monde. Heureusement pour les vitres de l'appartement, d'ailleurs ! Toutefois, comment la nature procède-t-elle pour faire passer un message en urgence lorsqu'elle ne dispose pas sur place des symboles nécessaires ? Elle procède par approximations. Dans le cas du scarabée de Jung, elle mit en scène un cétoine, c'est-à-dire l'animal endémique le plus ressemblant à l'insecte égyptien au moment où il en était question dans la discussion. Pour être flagrante et attirer l'attention, la synchronicité devait (par définition) réunir quatre éléments, soit à la fois l'insecte, le discours sur l'insecte, un individu conscient susceptible de percevoir et d'interpréter le message relatif à l'insecte, et le tout au même instant (ou presque, dans certains autres cas).

En ce qui concerne notre merle, il en va de même. Pour nous

induire à associer des concepts *a priori* sans rapport direct entre eux, la Nature s'exprime en utilisant ce dont elle dispose à l'instant *t*. Pas de corbeau ('oreb) disponible dans les alentours ? Pas de choucas ni de corneille à proximité pouvant endosser ce rôle en jouant sur la similitude d'apparence ? Eh bien soit ! Un merle va donc servir de substitut, puisque c'est l'oiseau noir le plus abondant dans la vallée, d'une taille suffisante pour attirer l'attention, quoique modérée afin de ne briser ni les vitres ni les os de l'oiseau...

La Langue des Oiseaux fonctionne ainsi par l'entremise de symboles, et parfois aussi par synchronicités, c'est à dire : des symboles réunis dans une courte unité de temps. Ce qui compte, c'est ce que l'incident évoque pour le destinataire. À ce dernier revient ensuite la tâche d'exprimer son ressenti dans son propre langage, puis de le faire savoir (s'il le souhaite).

Ne négligeons toutefois pas l'existence de pures coïncidences. Nous savons que certains animaux sont très sensibles à certains signaux que les humains ne perçoivent habituellement pas, sinon par le truchement de détecteurs ou d'amplificateurs appropriés. Il n'est donc pas impossible que notre merle « kamikaze » ait perçu, avec une demi-heure d'avance, l'imminence du tremblement de terre puisque juste avant que survienne une secousse tellurique, d'immenses masses de roche sont mises sous pression croissante, pouvant générer des ondes imperceptibles aux humains, mais bien par des animaux, notamment les éléphants. N'écartons pas d'emblée cette possibilité pour expliquer (intellectuellement) le comportement de notre merle.

Notons que dans les Alpes, les secousses sismiques ne sont pas rarissimes. Cette chaîne de montagnes n'est rien d'autre qu'un bourrelet de l'écorce terrestre dû à l'enfoncement de la plaque tectonique africaine sous la plaque eurasiatique ; toute la ligne de subduction courant de Gibraltar à l'Iran est similairement concernée. Toutefois, avant de banaliser cet incident qui ne fit pratiquement aucun dégât, découvrez, page suivante, dans ce cercle noir, la localisation la plus probable de l'épicentre (le résultat du calcul variant très légèrement selon les différents instituts de sismologie), profondeur estimée entre 2 et 10 kilomètres :

LES OISEAUX M'ONT DIT, DANS LEUR LANGUE...

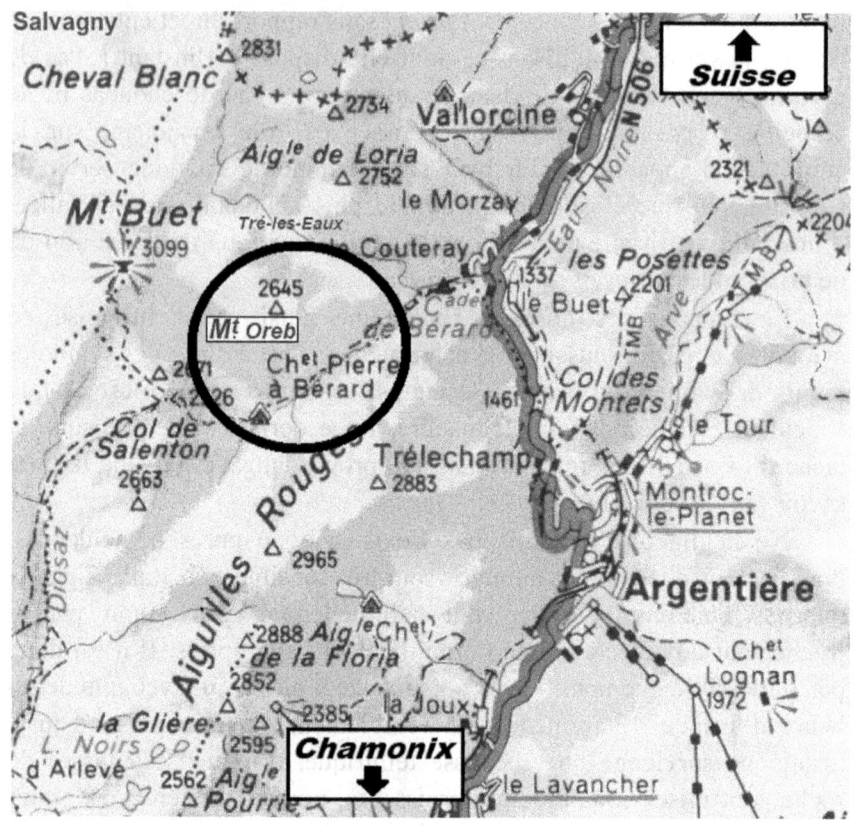

*

6

Un cygne du destin

Autre incident, remontant au premier avril 2011, date propice aux farces...

Chantal et moi sommes en route pour la région de Beauvais, par l'autoroute A16. L'objet de notre excursion de deux jours combine reportage photo et tourisme ésotérique : visite des cathédrales de Beauvais et Amiens, visite du château de Gisors (pour sa connotation templière) et – surtout – du petit village de Savignies où vécut Eugène Canseliet, figure incontournable de l'Alchimie du XXème siècle.

Nous n'avons pas formellement réservé de chambre d'hôtel car il nous en a été promise une par téléphone hier, garantie à condition de nous présenter avant dix-sept heures. Accès très facile via la sortie 14 (Beauvais-sud). Toute mon attention est portée sur la conduite, tandis que Chantal gère la carte pour s'assurer du bon itinéraire.

Enfin, kilomètre après kilomètre, le terroir se modifie peu à peu, on commence à "sentir" Beauvais, et voici la sortie d'autoroute prévue. Je suis prêt à procéder au péage, mais ensuite, où aller ? Il est à peine dix heures du matin, n'est-ce pas trop tôt pour nous présenter à la réception de l'hôtel ? Comment agir au mieux ? Nous y rendre malgré tout pour confirmer notre présence, ou profiter du temps disponible pour déjà visiter l'un ou l'autre site proche, Savignies par exemple ?

Nous nous en remettons à « Ce-qui-nous-guide », espérant qu'un signe nous aidera à choisir.

De fait, celui-ci nous attend, juste derrière la barrière du péage :

Est-il fréquent d'apercevoir un cygne au moment précis où l'on espère un signe ? Peut-être, mais un cygne qui se repose derrière une cabine de péage d'autoroute, ce ne doit pas être très fréquent ! Certes, il y a des étangs à seulement un kilomètre et demi de là (à vol d'oiseau, bien plus en y allant à pattes), mais tout de même ! À pareil endroit, on s'attendrait plutôt à voir des poulets, pas un cygne !

Zeus réincarné pour séduire une Lada ? Très improbable…

Preuve que ce cygne s'adresse à nous, personnellement à nous : dès que nous franchissons la barrière, l'animal se lève lentement, s'étire une patte, secoue ses plumes puis les lisse, et s'en va vaquer d'un pas lent, mission accomplie…

Nous ne l'ignorons pas : un cygne est un signe. Mais signe de quoi ? C'est là que nous devons nous rappeler que nous sommes le premier avril, et que « Ce-qui-nous-guide » est joueur ! Nous espérions un signe ? Eh bien un cygne nous est donné. Pour ce qui est d'interpréter ce signe, bon débarras !

Au rond-point suivant, un panneau (un signe) indique notre hôtel à quelques dizaines de mètres. Nous choisissons donc de nous y rendre pour faire acter notre arrivée, mais la chambre n'est, bien sûr, pas encore disponible. Peu importe puisque notre réservation est désormais enregistrée, nous avons toute la journée devant nous.

Alors, profitons-en. Direction Savignies, un des buts principaux de notre excursion. Oh, n'allez pas imaginer que nous nous permettrions d'importuner les habitants de cette paisible bourgade, et surtout pas ceux qui résident dans la maison où vécut l'alchimiste Eugène Canseliet ! Certes pas ! Notre but, c'est nous imprégner du terroir, nous représenter les lieux, percevoir une atmosphère et, si possible, poser nos pas dans ceux du maître aujourd'hui disparu.

Ce n'est pas non plus un pèlerinage, ni une dévotion. Tout au plus un hommage assorti d'un souhait de mémoriser un contexte et de le ressentir. Mais surtout, c'est un moyen de mettre sa conscience en harmonie avec un environnement, une façon de se mettre en condition pour pratiquer soi-même l'alchimie. De même qu'il est généralement plus aisé de prier dans un bâtiment dédié à la prière, parcourir un terroir en étant attentif à ce qui en émane, c'est s'imprégner de ce qui en constitue l'âme.

Nous atteignons le village en quelques minutes seulement, tant il est proche de Beauvais. Quelques repérages, un peu de marche dans les rues quasi désertes, puis découverte d'un petit sentier retiré permettant un petit tour à travers bois, calme, isolé des bruits habituels de la trépidation humaine.

Encore quelques photos, dont plusieurs de l'église, pour fixer le souvenir et étoffer notre documentation.

En deux heures, nous voici satisfaits, bien imprégnés des lieux. Nous choisissons de nous rendre ensuite au très proche village de La Neuville-Vault, puisqu'une rumeur insistante prétend que c'est en son cimetière que repose le corps d'Eugène Canseliet, à proximité de la tombe de son grand ami Phileas Lebesgue. Encore un hommage à rendre, et un autre lieu dont s'imprégner.

Par la départementale, direction Le Détroit, point de passage le plus direct vers notre but. Nous savons devoir y tourner à droite, mais une fois sur place, nous voici déboussolés : la petite route que nous imaginons être celle que nous cherchons est tellement étroite qu'il est impossible d'envisager croiser un autre véhicule. Son aspect ressemble tellement peu à ce que nous espérons trouver que nous sommes pris d'un doute. De plus, un panneau y indique la direction de Pierrefitte, un village situé plutôt derrière nous, au niveau de Savignies. Avancer pour reculer ne nous intéresse que très peu ! Nous en concluons, peut-être un peu trop rapidement, que cette petite voirie secondaire n'est pas la bonne ; nous continuons donc par la départementale ...

...et nous voici déjà passés outre Le Détroit sur la D1 sans avoir trouvé la direction de La Neuville-en-Vault !

Tant pis. Cherchons plus loin si un autre chemin ne nous convient pas mieux ou, à défaut, une place pour manœuvrer en toute sécurité et faire demi-tour. C'est parti, nous roulons.

Profitons de ce temps de route pour examiner la signification du nom de Pierrefitte vers où la voie étroite semblait nous ramener insidieusement. L'étymologie nous apprend que Pierrefitte tire son nom du latin PETRA FICTA (ou PETRA FRITA, ou PETRA FIXA), signifiant « pierre fixe », « pierre figée au sol », expression indiquant généralement la présence d'un antique menhir (en l'occurrence, là, une énorme masse de grès rouge). Mais pour quelqu'un s'intéressant à l'Alchimie, ce nom prend une autre signification très précise. Un alchimiste cherche à réaliser la Pierre philosophale, un des buts ultimes de sa démarche, la touche finale du Grand-Œuvre de toute une vie. Or, si vous l'ignoriez, sachez que bien des opérations liées à ce labeur impliquent des substances tantôt en phase solide, tantôt en phase liquide, et qu'il convient *in fine* de stabiliser le résultat. Pour que la Pierre philosophale soit réellement achevée, il importe qu'elle soit stabilisée, rendue durable, par une étape appelée la Fixation. Implacablement, Pierrefitte, la Pierre fixée, nous renvoie à l'Alchimie ! Quelle curieuse « coïncidence » ! Eugène Canseliet, Alchimiste, pouvait aisément se rendre à pied dans le village voisin distant d'un kilomètre seulement, et dont le nom pouvait, par l'entremise de la Langue des Oiseaux, évoquer explicitement la réalisation finale du Grand-Œuvre...

Entre-temps, la voiture a roulé quelques centaines de mètres sans rencontrer de site idéal pour un demi-tour. Nous voici déjà arrivés au carrefour suivant.

Chance : un panneau y indique La Neuville-Vault !

Malchance : la route est barrée !

Ou plutôt, pour être plus précis, elle est partiellement obstruée par une belle barrière de police, modèle standard, décorée de panneaux explicites. Sens interdit ; encore un signe ? Nous voici perplexes... La première barrière (celle du péage de l'autoroute) était gardée par un signe. Et ici ? Devons-nous renoncer ? Ou, au contraire contourner l'obstacle ? Chercher un autre itinéraire ? Nous rendre à Pierrefitte puis, de là, par un détour, retrouver un chemin conduisant à La Neuville-Vault ? Nous avons roulé trois cents kilomètres avec l'objectif précis de nous rendre dans ce village, et voici qu'un bête panneau qui n'a même pas son brevet d'études élémentaires prétend nous interdire d'atteindre notre but ? Cela ne se peut !

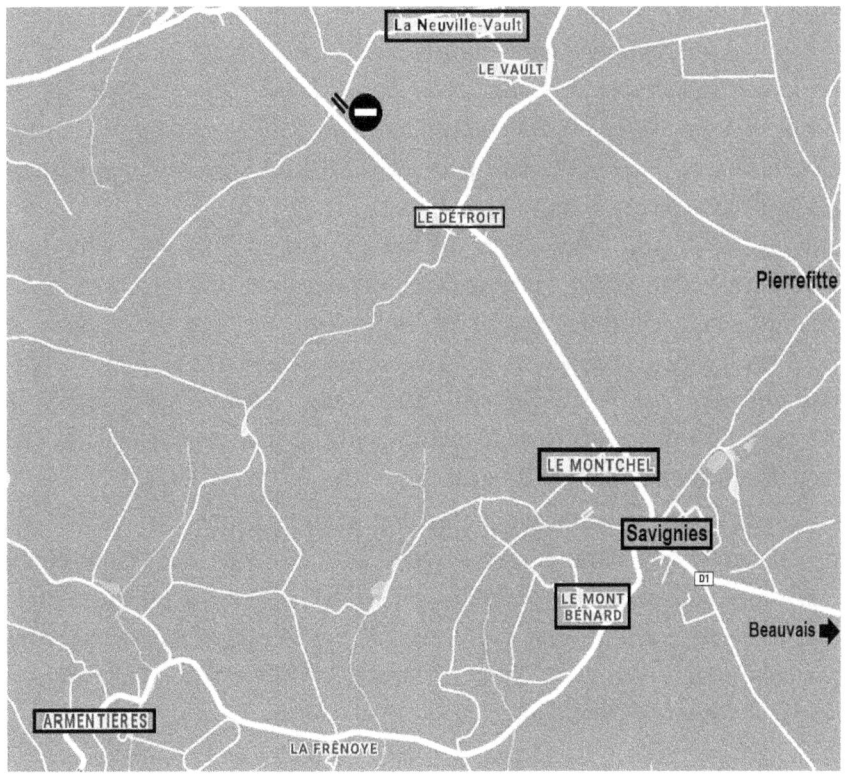

Descendu de voiture pour tenter de comprendre *pourquoi* la voirie est interdite aux véhicules, je m'avance à pied pour explorer l'itinéraire, histoire de vérifier si l'interdiction n'est pas obsolète. Et là, entre mes chaussures et la barrière, que vois-je sur le sol ? Une carte !

Pas une carte géographique, non : une carte à jouer. Seule, égarée, issue d'un jeu désormais dépareillé, inutile. Intrigué, je la ramasse et la retourne : un quatre de trèfle.

Banale et sans importance pour n'importe qui, cette carte fait immédiatement jaillir en moi un souvenir très net : une autre carte à jouer trouvée quelques mois auparavant dans un village de Haute-Savoie nommé Les Carroz. Il s'agissait là aussi d'un quatre, mais issu d'un jeu de tarot : le quatre d'épées. Subitement, de manière fulgurante, une connexion s'établit dans mon esprit ! Je vous explique derechef le pourquoi de cette association d'idées.

Dans les régions alpines, la lettre « z » placées en fin de mot ne se prononce généralement pas ; elle indique un allongement de la prononciation de la voyelle précédente. On prononce donc « Carrô ». Les carroz sont de petits jardinets carrés typiques en montagne, mais pour Chantal et moi, ce nom évoque bien sûr l'alchimiste dont nous suivons les traces, Roger Caro ! Cher lecteur, si vous vous dites que j'exagère à vouloir trouver des coïncidences dans des incidents d'une banalité déconcertante, je vous donne raison. Car, *pour vous*, cela ne peut avoir de consistance ; c'est comme dans la pratique de la Langue des Oiseaux : le décodage n'est parlant que pour qui est impliqué. Alors, pour vous faire partager mon émotion, laissez-moi vous guider dans les méandres de mes divagations.

Il ne m'arrive jamais de ramasser des cartes à jouer, sauf s'il existe une poubelle à proximité pour la recevoir. Que ferais-je de sales cartes disparates déformées par les roues des voitures ? Or, par une exception que je ne m'explique pas, j'ai gardé (et j'ai toujours) ces deux cartes perdues issues de deux jeux différents ! Une relation est donc à souligner entre ces deux objets :

4 DE TRÈFLE (DE SAVIGNIES) ↔ 4 D'ÉPÉES (DE HAUTE-SAVOIE)

Rappelons d'autres connexions établies précédemment :

4 D'ÉPÉES (DE HAUTE-SAVOIE) ↔ LES CARROZ (EN HAUTE-SAVOIE)
LES CARROZ ↔ ROGER CARO
ROGER CARO (ALCHIMISTE) ↔ EUGÈNE CANSELIET (ALCHIMISTE)

Il est d'ailleurs établi que les deux chercheurs en Alchimie ont correspondu par courrier, même si leurs échanges épistolaires témoignent de leurs divergences et désaccords. En ce qui nous concerne, Chantal et moi, notre quête d'une filiation alchimique débutée par une *en-quête* sur Roger Caro et son œuvre, quête bloquée des mois durant, faute d'indices, trouve brutalement sa continuation à Savignies, terroir d'Eugène Canseliet, confirmée par cette trouvaille riche en symbolisme : la carte quatre à Caro (Carroz) correspond à la carte quatre à Canseliet ; un lien est noué, au pied d'une barrière supportant un panneau « Passage interdit ».

QUÊTE BLOQUÉE (CARO) ↔ ROUTE BLOQUÉE (CANSELIET)

Une quête alchimique requiert de la motivation sur le long terme ; comme vous le constatez, les obstacles ne manquent pas !

Bon. Soit ! Ne nous laissons pas démonter par une simple barrière. Consultons notre carte (routière, celle-là) et contournons le problème. C'est là qu'une nouvelle connexion saute aux yeux :

CARTE (À JOUER) ↔ CARTE (ROUTIÈRE)

Ce n'est pas tant le blocage au lieu-dit Le Détroit qui nous interpelle que l'impression que les toponymes locaux nous renvoient à la portion de carte de Haute-Savoie conduisant au mont Oreb depuis Argentière par le Vallon de Bérard. Car que viennent faire en cette presque-plaine du Beauvaisis, des noms tels que « Le Mont Bénard », « Le Montchel » ou « Le Vault » évoquant les vaux (pluriel de val) ? De plus, proche de Savignies s'étend le village d'Armentières, quasi homonyme d'Argentière, là où résidait Roger Caro lors de ses séjours en montagne ! Étonnant, surtout sachant que le nom d'Argentière est parfois affublé d'un « s » final sur certains documents !

Quant au nom même de Savignies, il fait écho à Salvagny, village de fond de vallée au pied du périlleux Cheval Blanc, point de chute de notre séjour savoyard dans la vallée du Haut-Giffre. Trouvez-vous que je pousse le bouchon trop loin ? Mais je vous en prie, vérifiez par vous-même sur la carte du voisinage du Mont Oreb posée à la fin du chapitre 5 (p. 92) : Salvagny y figure dans le coin supérieur gauche !

Mieux encore, le Mont Bénard, hameau de Savignies, ne sonne-t-il pas comme une allusion à l'Aiguille de Bérard et au Vallon du même nom, celui qui aboutit au refuge de la Pierre à Bérard ? Pierre, ce nom d'apôtre, a bien entendu toute sa place dans un relief montagneux, mais prend aussi une connotation alchimique lorsqu'on l'imagine accolé à l'épithète « philosophale »...

Toutes ces correspondances ne devraient en principe pas vous interpeller, d'autant plus qu'elles sont approximatives. Evocatrices, certes, mais pas exactement identiques. Il est bien normal qu'elles puissent n'éveiller aucun écho en vous parce que ce n'est que dans notre contexte personnel, à Chantal et moi, que tous ces éléments deviennent parlants, puisqu'il s'agit de notre quête intime, de notre cheminement privé. En quoi des incidents aussi ordinaires pourraient-ils devenir signifiants pour vous ?

Par contre, dans les circonstances précises de notre voyage en Beauvaisis, au moment où notre quête d'Alchimie marque le pas, bloquée faute d'éléments permettant d'encore mettre nos pas dans ceux de Roger Caro, tous ces faits reliés entre eux prennent sens, comme dans le cas d'une synchronicité jungienne. Pour nous, ces entrelacs d'allusions nous permettent d'inférer que notre quête reprend à cet endroit-là, non loin de Beauvais, sur les traces d'Eugène Canseliet, comme en une naturelle continuité de nos recherches en Haute-Savoie, par cartes interposées.

Comme je m'applique à vous l'exposer dans le présent ouvrage, pour décoder les synchronicités, il est nécessaire de jouer le jeu de la Langue des Oiseaux, et donc d'accepter les corrélations approximatives à condition qu'elles soient parlantes *pour soi*, et redondantes et croisées. Certains auteurs désignent ces circonstances spéciales sous le nom d'*intersignes*.

Toutefois, pas question de s'emballer outre mesure pour de banales coïncidences. La Langue des Oiseaux ne se satisfait pas d'un simple enchaînement d'idées à la queue-leu-leu, car alors, au bout de seulement cinq ou six liaisons successives, de fil en aiguille, quasiment tous les concepts du monde se retrouveraient associés ! Non : ce langage est plus strictement limité, encadré, en particulier par la recherche du renforcement de la pertinence et la multiplicité des synchronicités dans un périmètre restreint (d'espace et/ou de temps).

Qui donc pourrait mieux en parler que Carl-Gustav Jung lui-même ? Voici une citation rapportée dans « Synchronicité » par Massimo Teodorani :

La synchronicité survient comme une coïncidence d'événements dans l'espace et le temps, comme quelque chose qui va bien au-delà du pur hasard ; il s'agit d'une interdépendance particulière entre des événements objectifs, ou entre des événements objectifs synchrones et l'état subjectif de l'observateur.

Dans le cas de notre court trajet devant nous conduire de Savignies à La Neuville-Vault, nous retrouvons cette abondante redondance de signes en corrélation, à condition bien sûr de tolérer quelques mineures approximations :

4 DE TRÈFLE (DE SAVIGNIES) ↔ 4 D'ÉPÉES (DE HAUTE-SAVOIE)
4 D'ÉPÉES (DE HAUTE-SAVOIE) ↔ LES CARROZ (EN HAUTE-SAVOIE)
LES CARROZ ↔ ROGER CARO
ROGER CARO (ALCHIMISTE) ↔ EUGÈNE CANSELIET (ALCHIMISTE)
PIERREFITTE ↔ PIERRE PHILOSOPHALE FIXÉE
CARTE (À JOUER) ↔ CARTE (ROUTIÈRE)
LE MONTCHEL, LE MONT BÉNARD ↔ LA MONTAGNE, LES MONTS
LE VAULT ↔ LE VALLON, LES VAUX
LE MONT BÉNARD ↔ L'AIGUILLE DE BÉRARD
ARMENTIÈRES ↔ ARGENTIÈRE(S)
SAVIGNIES ↔ SALVAGNY
QUÊTE BLOQUÉE (CARO) ↔ ROUTE BLOQUÉE (CANSELIET)

Pour Chantal et moi, notre quête se doit donc de continuer ici, par monts et par vaux, malgré cet obstacle au lieu-dit Le Détroit. Un détroit est un passage exigu, malaisé, mais pas un blocage strict, malgré la claire signification du panneau accroché à la barrière ; il doit exister une solution alternative...

Celle-ci se présente dans la minute suivante : une voiture venant de la direction de Beauvais et immatriculée dans le département ralentit au carrefour, contourne la barrière et s'engage dans la rue barrée. Supputant qu'un autochtone sait mieux que nous de quoi il retourne et doit connaître la véritable ampleur des travaux, je m'engage illico dans ses roues, résigné à devoir rebrousser chemin si nécessaire.

De fait, un kilomètre plus loin, nous constatons que l'obstacle est de faible résistance : une grue montée sur roues se livre à quelques aménagements mineurs en bord de route. À notre approche, le grutier déplace complaisamment son engin avec un sourire amical et un salut de la main, nous laissant tous passer, et nous voici à l'entrée de La Neuville-Vault par la voirie portant le nom de Phileas Lebesque, le lettré qui contribua grandement à l'essor culturel local.

Sur ce, nous constatons qu'il est largement passé midi et qu'une pause repas s'indique. Nous trouvons aisément un parking approprié, au centre du village, sur une petite place devant une ferme. Sur le côté, à une trentaine de mètres, sur un socle, la tête sculptée d'un personnage non identifiable à cette distance. Vu que nous sommes venus ici pour du tourisme ésotérique, cultivons-nous un tantinet, et allons examiner cette œuvre d'art. Il ne s'agit rien de moins que de la représentation du poète local, Phileas Lebesgue, de toute évidence très honoré dans son village natal puisque même une rue principale porte son nom.

À cette époque-là, nous ignorions tout de ce personnage. Ce n'est qu'un peu plus tard, une fois rentrés chez nous et disposant de moyens de recherche grâce à Internet, que nous pûmes nous documenter plus amplement à son sujet. Il en ressortit qu'il était cultivateur, certes, mais tout autant féru d'une culture autre qu'agricole ! Ce lettré avait acquis un savoir éclectique, et s'intéressait aussi à l'ésotérisme, ce qui suffit à justifier une mention dans le présent ouvrage. Mais de plus, il fut un ami personnel d'Eugène Canseliet. Par quelle étonnante coïncidence notre fringale de midi nous avait-elle fait stationner juste devant cette sculpture ? Peut-être est-ce sans importance, puisque nous savons désormais que Phileas Lebesgue (1869-1958) avait vécu à La Neuville-Vault ; il est normal, vu sa relative célébrité, que son propre village (dont il fut maire de 1908 à 1947) perpétue sa mémoire. Et ledit village étant minuscule, les chances de s'arrêter à proximité de cette stèle commémorative étaient élevées. J'en conviens.

Ce n'est pas tout : il est à noter que ce poète était aussi un grand ami de Paul Le Cour, un autre ésotériste fameux, astrologue aussi, féru de recherches concernant l'Atlantide, et notamment cofondateur de la revue périodique *Atlantis*, à laquelle Eugène Canseliet apporta maintes contributions. Décidément, bien des points communs reliaient ces trois personnages (Lebesgue, Le Cour, Canseliet) dont les sujets de prédilection coïncidaient particulièrement avec les nôtres ! Visiblement, au gré de nos errements impromptus pour cause de déviations et de voiries obstruées, sans l'avoir prémédité, nous nous retrouvons pile-poil en un point géographique évoquant à maints égards notre quête personnelle !

Notre casse-croûte ingéré, nous redémarrons à la recherche du cimetière. Nous trouvons aisément cet endroit paisible comportant peu de monuments. Trouver les tombes recherchées nous pose moins de problèmes que découvrir le mythique et secret tombeau de Christian Rozenkreutz. Celle de Phileas Lebesgue gît dans l'ombre épaisse d'un aucuba et d'un cyprès devenu gigantesque au fil des ans dont les racines déstabilisent le petit monument funéraire ainsi dédicacé :

« À P̲ʜɪʟᴇᴀs LEBESGUE *POÈTE LABOUREUR* ».

Poète laboureur… Étonnante association de termes posés en italique comme pour capter l'attention…

Jolie combinaison poétique de mots adéquats lorsqu'on songe à ce lettré gérant une commune extrêmement rurale, essentiellement centrée sur l'agriculture et l'élevage. Lebesgue était vraiment laboureur et charruait lui-même sa terre. Mais ce vocable « laboureur » interpelle l'aspirant alchimiste puisque c'est ce mot qu'utilise la Langue des Oiseaux pour désigner (tout en le masquant) un pratiquant de l'antique Science alchimique. En effet, étymologiquement, *labour* et *labeur* dérivent du même verbe latin signifiant travailler. Laboureur et laborantin sont des mots voisins, ce qui permet aux astucieux alchimistes soucieux de dissimuler leur Art de faire croire aux naïfs trop envieux que le Grand-Œuvre nécessite un laboratoire de chimie…

*

Un adage, devenu célèbre, circule avec insistance parmi les férus d'Alchimie :

ORA, LEGE, LEGE, LEGE, RELEGE, LABORA ET INVENIES.
(Prie, lis, lis, lis, relis, travaille et tu trouveras.)

Cette maxime est l'une des rares inscriptions contenues dans un livre d'Alchimie fondamental, le Mutus Liber, en bas de sa quatorzième planche. Ce Livre Muet, composé presque exclusivement d'images dépourvues de texte, fait partie des quelques livres de base de toute bibliothèque alchimique. Et savez-vous qui a commenté cet ouvrage et a écrit la préface de la récente réédition de ce texte remontant au dix-septième siècle ? Eugène Canseliet !

ORA ET LABORA (prie et travaille), c'est aussi la règle monastique fondamentale prônée par saint Benoît (fondateur de l'Ordre bénédictin), celui-là même dont nous avons lu une péripétie au chapitre 5 ; souvenons-nous qu'il dût sa survie à un corbeau. C'est ce même Ordre bénédictin qui accueillit en son sein le mythique frère Basile Valentin, auteur d'un autre ouvrage alchimique fondamental intitulé *Les douze Clefs de la Philosophie*, lequel fut traduit, introduit, annoté et expliqué par... Eugène Canseliet ! Comme le monde est petit !

ORA ET LABORA, c'est encore le conseil alchimique précis d'alterner sans relâche les temps de prière (à l'oratoire) et d'activité expérimentale (au laboratoire).

Faudrait-il en déduire que Phileas Lebesgue ait lui aussi pratiqué l'Alchimie ? Probablement pas. Mais qu'il en eût été un sympathisant, manifestant de l'intérêt pour cette Science sacrée qui occupait l'essentiel des pensées de son jeune ami Canseliet, de trente ans son cadet, cela va de soi. C'est d'ailleurs par l'entremise du maire- poète-laboureur qu'Eugène Canseliet se vit ouvrir les colonnes de la revue Atlantis.

L'Atlantide... Certains osent suggérer que l'Alchimie soit une science tellement ancienne que la source de sa transmission remonte à cette mythique civilisation disparue !

A quelques pas de la tombe de Phileas Lebesgue, dans le même petit cimetière très ancien (puisque les archéologues ont déterminé qu'il était déjà utilisé à l'époque mérovingienne), un autre monument, massif mais sobre, rend hommage à Eugène Canseliet :

Au fil des ans, cette épaisse dalle s'est faite envahir par les mousses et les lichens, au point que les quelques rares inscriptions en relief sont devenues presque illisibles.

< *Un bon brossage intensif redorerait son blason ! (Et, en conséquence, le mien.)*

En y regardant de près, nous décryptons, tant sur la face supérieure que sur une face latérale :

IN MEMORIAM
EUGÈNE CANSELIET
F.C.H.
IN HOC SIGNO VINCES
✝

Inscription latine signifiant « Par ce signe, tu vaincras ».

Revoici donc, en fin de parcours, le fameux signe dont l'oiseau au nom homophone nous indiquait la voie dès la sortie de l'autoroute. Il semble que notre visite touche au but : l'information codée en Langue des Oiseaux nous est ici accessible, gravée dans la Pierre dans ce petit cimetière multi séculaire de La Neuville-en-Vault.

Étonnamment, les rares inscriptions portées sur cette dalle n'indiquent aucune date. Ni celle de la naissance de l'Alchimiste (1899), ni celle de sa disparition (1982). Mais il est vrai que de tels détails anecdotiques sont de peu d'importance pour tous ceux qui conçoivent leur passage en ce monde matériel comme un simple paragraphe s'inscrivant dans un livre bien plus vaste...

Et finalement, ton histoire > de signe-cygne, ça débouche sur quoi ?

– Précisément sur ce signe de croix !

IN HOC SIGNO VINCES

✝

Ici, il s'agit d'une croix grecque. Sa particularité est la stricte égalité de longueur entre ses quatre branches, tandis que la croix latine popularisée par l'église catholique voit sa barre inférieure plus longue. Ce détail pourrait sembler anodin, puisque nous nous trouvons dans un cimetière chrétien, face à un monument typiquement chrétien honorant une personne revendiquant son attachement à la chrétienté. Et pourtant, une croix, c'est un signe bien antérieur à la chrétienté ; c'est un symbole archaïque présent dans plusieurs civilisations.

Une croix, c'est la rencontre entre un trait horizontal (l'horizon sépare la Terre du Ciel) et un trait vertical (qui unit la Terre au Ciel). C'est donc un symbole transcendantal : la spiritualité permet de s'affranchir des limites terrestres pour toucher au Divin. Certains considèrent que la branche horizontale représente l'animalité, et la verticale la spiritualité (d'où la prolifération des totems, des menhirs, toutes allusions à l'AXIS MUNDI). D'autres y voient un arbre (le célèbre Yggdrasil viking joue ce même rôle) : le trait horizontal marque la surface du sol, la branche inférieure de la croix indique les racines solidement implantées dans la matière obscure, la partie supérieure représente la partie aérienne (tronc, branches, feuillage) tournée vers le ciel et la lumière, réalisant la photosynthèse, moteur vital.

Pour Chantal et moi, qui menions à cette époque une recherche sur la Rose+Croix, une croix représente tout cela et un peu plus, puisqu'à la rencontre des deux axes apparaît une singularité : un point de jonction entre la Vie et son support matériel, là où la Rose croît, opportunité de l'émergence d'une nouvelle dimension qu'il est difficile de représenter sur une feuille de papier en 2 D. Ce germe, ou bourgeon, pourrait se concevoir comme une portion d'un nouvel axe, perpendiculaire aux deux autres, symbolisé par la Rose.

Or, Alchimie et Rose+Croix vont souvent de pair. L'authentique Rose+Croix n'est pas un nom d'association ou de fraternité (même si ça n'empêche pas) ; ce n'est pas non plus un grade dans une hiérarchie ésotérique (même si ça n'empêche pas non plus) ; ce n'est surtout pas un titre de gloriole pour frimer en société, ni une affiliation secrète à une obédience flattant l'ego en promettant un accès privilégié à une connaissance réservée à une élite. Non. Rose+Croix, c'est d'abord un état, un niveau de conscience spirituel qu'on pourrait comparer à la sainteté, avec la particularité d'être en contact avec le ciel tout en gardant les pieds sur terre, comme un pont entre les deux Mondes. En découle une dimension scientifique : l'exploration du monde matériel au service du divin, alliée à une exploration des plans de conscience supérieurs, éthérés, pour le service de l'humanité. N'est-ce pas très semblable aux objectifs de l'Alchimiste ?

L'Alchimie est une voie qui conduit à l'état de Rose+Croix, tout comme le rosicrucianisme conduit à l'Alchimie. Ce double mouvement aide à l'évolution de la compréhension du pratiquant, à l'image des incessants allers-retours entre oratoire et laboratoire. La pratique alchimique est l'aboutissement naturel d'un parcours rosicrucien alliant foi, prière, sens du sacré, observation de la Nature et de ses lois intrinsèques. La Rose+Croix, tout comme l'Adeptat en Alchimie, ce n'est rien d'autre que le statut d'être humain pleinement réalisé, prêtre apte à connecter la Terre et le Ciel. Avec pour effet subséquent de pouvoir agir dans ces deux plans, voire de les faire ponctuellement interagir si cela s'avère indispensable.

Ce qui passe parfois, aux yeux des quidams non instruits des lois naturelles, pour de la magie ou... de la sorcellerie !

En effet, j'ai déjà vu et lu des œuvres dans lesquelles les Rose+Croix (ou les Alchimistes) sont décrits comme des mages noirs, des suppôts de Satan, maléfiques au possible ! Super balivernes puissance dix ! Le très chrétien et bien nommé *Christian* Rosenkreutz représente l'archétype de la sainteté !

Bémol : la nature humaine étant ce qu'elle est, il serait malvenu d'ignorer les inévitables déviances de chercheurs s'étant égarés en cours de route, se revendiquant publiquement du statut de rose-croix ou d'alchimiste (sans majuscules dans ces cas où l'absence de noblesse ne mérite aucune déférence). Mais faisons fi ici de ces tristes dévoiements ; prions pour que la Providence aide ces malheureux à retrouver la Lumière qu'ils disent chercher, prétendant même parfois l'avoir trouvée, si pas cristallisée dans une pierre !

Revenons-en à la croix, car il reste à en dire.

Le mot dérive du latin CRUX, CRUCIS, signifiant croisement, mais aussi gibet puisque, comme la religion chrétienne nous l'a fait savoir, Jésus fut crucifié par les Romains. De ce fait, « crucifier » a aussi pris le sens de « mettre à mort, tourmenter, supplicier », s'appliquant tant au physique qu'au moral. Et que fait un apprenti-alchimiste avec sa matière ? Il la triture, il la broie, il la supplicie de manière à en extraire le principe vital ! L'allusion est évidente : il la crucifie, et ce dans un récipient *ad hoc* dont le nom dérive lui aussi du latin CRUX, CRUCIS : le creuset ! Croix, creuset (anciennement aussi dénommé croiset, crucible, cruzol), lieu où l'homme ancien meurt symboliquement pour ressusciter en un homme nouveau.

< *Roger Caro, sous le pseudonyme de Kamala-Jnana, offre les définitions suivantes dans son « Dictionnaire de Philosophie Alchimique » :*

CREUSET : Récipient en terre ou en fonte, en forme de bol, servant à faire fondre certains corps ou métaux en l'art de chimie. Toutefois, les Philosophes n'entendent pas un tel accessoire quand ils parlent de leur creuset. Le leur est en terre et de même substance que leur compost.

CROIX : Ce mot a plusieurs significations en alchimie ; parfois ses quatre branches symbolisent les quatre éléments ; parfois il désigne le feu, car son étymologie latine « Crucis » est la même que celle désignant le creuset.

MATRAS : Creuset en fonte ou en terre allant au feu. Les Alchimistes s'en servent au moment de leurs transmutations et non pour fabriquer leur Pierre.

VASE : Récipient en terre, en forme d'écuelle dans les temps anciens. Certains Philosophes le baptisèrent « Vaisseau » parce qu'ils considéraient que leur creuset philosophique provenant du chêne, ne pouvait être mieux comparé qu'au « vaisseau des Argonautes », qui était construit avec des « Chênes de la Forêt de Dodone ».

Pourquoi Harold nous cite-t-il une référence au vase ? C'est pertinent. Nous y reviendrons plus loin, reparlant du cygne en montrant un autre exemple de mise en œuvre de la Langue des Oiseaux.

L'affinité naturelle entre l'église chrétienne et l'Alchimie est patente. Bâtie sur la Pierre (philosophale) et le signe de la croix (creuset), l'Église (corps social, égrégore) constitue une assemblée unie dans une foi dans le Divin, et l'église (bâtiment) est constituée essentiellement d'une nef (navire, vaisseau) dont la voûte affecte généralement la forme d'une coque navale renversée, et d'un transept donnant au plan de l'édifice la forme d'une croix. Ce navire symbolise le passage d'une rive à une autre pour les fidèles embarqués dans un voyage initiatique. Au point de *croisement* entre la nef et le transept se place le prêtre, intermédiaire entre l'assemblée des navigateurs et le Divin, afin d'effectuer la transmutation du pain et du vin en corps et sang du Christ. Cette transsubstantiation n'est en rien le rappel d'une exécution morbide mais une démonstration que tout être vivant résulte d'une association de matière à un principe vital. Ce dernier est par ailleurs susceptible, par l'Art alchimique, d'être concentré en élixir. Sachant ceci, il est plus aisé de comprendre pourquoi nombre d'alchimistes furent prêtres, moines, ou du moins religieux.

Fulcanelli dit presque pareil dans son >
« Mystère des Cathédrales », chapitre IV :

Et c'est ainsi que le plan de l'édifice chrétien nous révèle les qualités de la matière première, et sa préparation, par le signe de la Croix ; ce qui aboutit, pour les alchimistes, à l'obtention de la Première pierre, pierre angulaire du Grand Œuvre philosophal. C'est sur cette pierre que Jésus a bâti son Église...

– En effet, Harold, mais lis-nous donc aussi ce que dit le même auteur au sujet de la croix, dans « Les Demeures philosophales ».

Oui. C'est dans la partie II du >
chapitre intitulé Louis d'Estissac.

Dans le domaine alchimique, la croix grecque et la croix de Saint-André ont quelques significations que l'artiste doit connaître. Ces symboles graphiques, reproduits sur un grand nombre de manuscrits, et qui font, dans certains imprimés, l'objet d'une nomenclature spéciale, représentent, chez les Grecs et leurs successeurs du moyen-âge, le creuset de fusion, que les potiers marquaient toujours d'une petite croix (crucibulum), indice de bonne fabrication et de solidité éprouvée. Mais les Grecs se servaient aussi d'un signe identique pour

> *désigner un matras de terre. Nous savons que l'on affectait ce vaisseau à la coction et pensons que, étant donné sa matière même, l'usage en devait être peu différent de celui du creuset. D'ailleurs, le mot matras, employé dans le même sens au XIIIe siècle, vient du grec μετρα, matrice, terme également usité par les souffleurs et appliqué au vase secret servant à la maturation du composé.*

Pour les non initiés, précisons que le terme d'artiste s'applique aux pratiquants de l'Art alchimique, et que le nom de souffleur désignait parfois un verrier fabriquant ballons, touries et bouteilles, mais aussi, péjorativement, les alchimistes dévoyés qui abusaient du soufflet pour attiser leur feu et porter leur four à très haute température, sans autres résultats qu'épuisement et incendies…

< *Il y a ceci au chapitre « Le merveilleux grimoire du château de Dampierre » :*

> *On sait que la croix, dans l'ordre spéculatif, est la figuration de l'esprit, principe dynamique, tandis qu'elle sert, dans le domaine pratique, de signe graphique au creuset. C'est en lui, en ce vaisseau, que s'opère la concentration de l'eau mercurielle, par le rapprochement de ses molécules constitutives, sous la volonté de l'esprit métallique et grâce au secours permanent du feu. Car l'esprit est l'unique force capable de muer en masses compactes nouvelles les corps dissous, de même qu'il oblige les cristaux issus de solutions mères à prendre la forme spécifique, invariable, par laquelle nous les pouvons identifier.*

Donc, lorsqu'on vous dit que le saint Esprit est l'intermédiaire permettant la mise en œuvre de la puissance divine, il est plus avisé de penser en termes d'Alchimie plutôt qu'imaginer un pigeon !

Voilà donc ce que nous pouvons dire des mentions portées sur cette dalle du cimetière de La Neuville-Vault honorant la mémoire d'Eugène Canseliet.

*Et ces lettres F.C.H. ?
N'est-ce pas en rapport avec une
sorte de groupement templier ?*

Oui et non. Elles évoquent un groupement ésotérique dont on sait, en fait, peu de choses : les Frères Chevaliers d'Héliopolis. Il s'agirait d'un Ordre discret perpétuant dans l'ombre les idéaux des Templiers d'autrefois, en effet, mais sans rapport avec les groupements néo-templiers dont on parle quelquefois dans la presse spécialisée. Il ne s'agit pas de faire revivre un idéal disparu, par nostalgie, tentant de le reconstituer au départ de bribes d'informations historiques auxquelles s'ajoute une nécessaire part d'imaginaire pour combler les lacunes d'un savoir perdu, mais bien de perpétuer en toute discrétion une authentique Tradition, intacte et invisible.

Au XIVème siècle, persécutés tant par les autorités civiles que religieuses, les Templiers durent se fondre dans la population ou émigrer. Mais ni leurs savoirs ni leurs idéaux de Chevalerie spirituelle et initiatique ne furent perdus pour autant, réfugiés sous différentes couvertures : Chevaliers de l'Hospital, Fede Santa, Rose+Croix, Franc-Maçonnerie, Ordre des Chartreux et autres. Les discrets F.C.H., vraisemblablement structurés vers 1400, sont à classer parmi les héritiers de cette noble Tradition. Héliopolis fait référence à un antique centre initiatique proche du Caire (en fait, deux localités portent ce nom dans cette région). Chevaliers de cœur, religieux et alchimistes, donc. Non pas que tous pratiquassent l'Alchimie, pas plus que tous ne chevauchassent vaillamment par monts et par Vault, mais tous jurèrent de perpétuer un idéal. Mission dont s'acquitta pour sa part le « Maître de Savignies », Eugène Canseliet. Malheureusement, développer ce sujet nous éloignerait de notre exploration de la Langue des Oiseaux ; force nous est donc de clore ici toute digression au sujet des F.C.H.

*

Revenons-en donc au cygne, car il signe encore d'autres concepts relatifs à l'Alchimie. À commencer par cette référence au vase citée par Harold quelques pages plus avant :

> VASE : Récipient en terre, en forme d'écuelle dans les temps anciens. Certains Philosophes le baptisèrent « Vaisseau » [...]

La Langue des Oiseaux nous autorise à rapprocher des mots par leur étymologie, par leur signification, par homophonie, ou encore par approximation orthographique. Il nous est donc loisible d'établir les corrélations ci-dessous, car elles sont riches de sens et vont nous permettre d'aller plus loin :

VASE (RÉCIPIENT) ↔ VASE (EAU VASEUSE)
VASE (RÉCIPIENT) ↔ VAISSEAU (RÉCIPIENT ALCHIMIQUE)
VAISSEAU (RÉCIPIENT) ↔ VAISSEAU (NAVIRE, NEF)

Dans l'ouvrage *Le Livre des Figures hiéroglyphiques*, attribué à Nicolas Flamel, il est écrit :

> *Ce vaisseau de terre en cette forme, est appelé par les philosophes le triple vaisseau, car dans icelui y a au milieu un étage, et sur icelui une écuelle pleine de cendres tièdes, dans lesquelles est assis l'œuf philosophique, qui est un matras de verre, plein de confections de l'art [...]*

Le vaisseau de l'Alchimiste est donc à la fois un vase (complexe, ou un montage constitué de plusieurs vases) destiné à une action technique, et c'est *aussi* un objet ayant une fonction similaire à celle d'un navire, à savoir transporter sur l'onde d'une rive à une autre, permettant ainsi le voyage initiatique tel que symbolisé par la quête de Jason et des Argonautes, ou par Ulysse et ses marins, ou encore par la nef d'une église. Cette signification supplémentaire concerne bien entendu la conscience avant le corps : le voyage est à la fois réel *et* allégorique.

*

À propos du cygne, une autre illustration de la pratique de la Langue des Oiseaux nous est offerte par ce bas-relief situé au-dessus de la porte d'un immeuble situé sur la partie haute de la Grand-Place à Bruxelles (angle sud) :

L'architecture de cette Grand-Place code un grand nombre d'indices concernant l'Alchimie tant au niveau des nombres de bâtiments, que de leurs noms ou leurs ornements extérieurs.

La Maison du Cygne cèle plusieurs éléments touchant à l'ésotérisme :
- elle tire son nom d'une auberge anglaise qui vit naître la Franc-Maçonnerie : The Swan ;
- le cygne signe un signe, alertant les chercheurs de la présence d'un indice codé ;
- la Langue des Oiseaux nous aide à comprendre que ce volatile blanc s'extrayant de la vase pour prendre son envol fait allusion à une vapeur

blanche ou un gaz (volatil) s'extrayant du vase lors de l'opération alchimique à laquelle cette phase se rapporte.

Malheureusement, les dommages dus au temps qui passe, aux guerres, aux transformations, aux changements d'affectations des bâtiments ou aux restaurations maladroites ont rendu incomplet le puzzle alchimique originellement crypté dans la Pierre de ce joyau architectural bruxellois, le rendant aujourd'hui assez difficilement compréhensible sans une solide documentation historique.

L'Alchimie connaît aussi des représentations d'un signe dont le cou est traversé par une flèche. En voici une qui interpelle, commentée par Fulcanelli dans « Les Demeures philosophales », lorsqu'il décrit méthodiquement les sculptures ornant le plafond d'une luxueuse galerie du château de Dampierre-sur-Boutonne, en Charente-Maritime :

> *Un cygne, majestueusement posé sur l'eau calme d'un étang, a le col traversé d'une flèche. Et c'est sa plainte ultime que nous traduit l'épigraphe de ce petit sujet agréablement exécuté :*
> PROPRIIS · PEREO · PENNIS[1]
Je meurs par mes propres plumes.
> *L'oiseau, en effet, fournit l'une des matières de l'arme qui servira à le tuer ; l'empennage de la flèche, assurant sa direction, la rend précise, et les plumes du cygne, remplissant cet office, contribuent ainsi à la[2] perdre. Ce bel oiseau, dont les ailes sont emblématiques de la volatilité, et la blancheur neigeuse l'expression de la pureté, possède les deux qualités essentielles du mercure initial ou de notre eau dissolvante. Nous savons qu'il doit être vaincu par le soufre, — issu de sa substance et que lui-même a engendré, — afin d'obtenir après sa mort ce mercure philosophique, en partie fixe et en partie volatil, que la maturation subséquente élèvera au degré de perfection du grand Élixir. Tous les auteurs enseignent qu'il faut tuer le vif si l'on désire ressusciter le mort ; c'est pourquoi le bon artiste n'hésitera pas à sacrifier l'oiseau d'Hermès, et à provoquer la mutation de ses propriétés mercurielles en qualité sulfureuses, puisque toute transformation reste soumise à la décomposition préalable et ne peut se réaliser sans elle. Basile Valentin assure que « l'on doit donner à manger un cygne blanc à l'homme double igné », et, ajoute-t-il, « le cygne rôti sera pour la table du roi ». Aucun philosophe, à notre connaissance, n'a levé le voile qui recouvre ce mystère et nous nous demandons s'il est expédient de commenter d'aussi graves paroles.*

Dont acte. Ce cygne mis à mort fait vraisemblablement allusion à l'un des aspects les plus celés et scellés de l'Alchimie. Or, quand scel[3] y est...

Le « chant du cygne » évoque précisément la mort. Cette expression issue de l'observation naturaliste remonte à la plus haute

---

[1] Le 'E' surmonté d'un trait horizontal marque l'élision de la consonne nasale suivante. On peut donc jouer sur ce mot et à la fois lire PENIS (queue) ou PENNIS (de PENNA : 1. grosse plume d'oiseau, plumage ; 2. empennage d'une flèche ; 3. flèche).

[2] Probable faute de frappe. Lire « le perdre » au lieu de « la perdre ».

[3] Ancienne orthographe du mot « sceau », et aussi jeu de mot relatif au Sel, troisième principe alchimique ajouté par Paracelse aux traditionnels Mercure et Soufre.

antiquité grecque. Elle désigne généralement un bel adieu, ou la plus belle et dernière chose réalisée par quelqu'un avant de mourir. En art, on évoque ainsi la dernière œuvre remarquable d'un poète ou d'un artiste. Et en alchimie ? La dernière opération du Grand-Œuvre ? L'envol final ?

< *Dans son Dictionnaire de Philosophie Alchimique, Kamala-Jnana (R. Caro) a aussi une entrée pour ce mot :*

CYGNE : Granulation arrivée au stade de la Lune.

< *Bon. Soit ! Comprenne qui pourra...*

Le cygne est assez fréquemment représenté dans les traités d'alchimie. Celui-ci chante à l'arrière plan (cerclé de noir), à gauche de cette gravure extraite d'un traité fameux attribué au moine bénédictin Basile Valentin « Les douze Clef de la Philosophie » :

Un cygne du destin

Il s'agit ici de la sixième clef (ou « clavicule », comme on le disait au dix-septième siècle). Il s'agit d'une clef verrouillant un code, invitant le lecteur à un décryptage.

Eugène Canseliet, toujours lui, décidément marqué pour nous du signe du cygne, commente utilement cette image :

> *Le Soleil et la Lune des Sages sont humanisés dans le Roi et la Reine du Grand Œuvre, – en scène dès la première clef, – afin que, par l'évêque figurant le* troisième principe, *soit expressément soulignée la qualité hautement canonique de leur mariage. L'arc-en-ciel, réunissant les deux astres hermétiques, surmonte éloquemment l'abondante aspersion d'esprit céleste – intense bombardement fluidique – qui participe à l'opération chimique ou, plus exactement, métallurgique et lui confère son véritable caractère d'alchimie. Cette* distillation sèche *est attestée par les deux profils flammés et par le vieillard versant l'eau de la* mer *que rappelle le trident de Neptune, tandis que le cygne, plus discrètement, en marque le détail sonore. Celui-ci constitue la plus sûre indication que l'artiste puisse obtenir de la pratique naturelle et philosophique. C'est ce* signe *bruyant qui sert de jalon et de point de repère dans la conduite régulière du travail ; toutefois, malgré son importance, les auteurs ont généralement omis de le mentionner, parmi lesquels, à notre connaissance, saint Thomas d'Aquin et Basile Valentin sont les seuls à en avoir parlé.*
>
> *De nouveau, nous solliciterons la décoration du couvent de Cimiez, dans l'une des petites peintures des corridors représentant le bel oiseau, que nous voyons orner, de sa blancheur et de sa majesté, les calmes eaux de nos étangs. Le cygne a toujours été regardé, par les alchimistes, comme un emblème du mercure ; il en a la couleur et la mobilité, ainsi que la volatilité proclamée par ses ailes. Au monastère franciscain, la devise latine dégage l'ésotérisme de l'image :*
> DIVINA SIBI CANIT ET ORBI – *Il* chante divinement pour soi et pour le monde.
> *Ce sifflement, qui ne manque pas de surprendre l'opérateur a ses débuts, est nommé le* chant du cygne *(le signe chantant), parce que le mercure, voué à la mort et à la décomposition, va transmettre son âme au corps interne issu du métal imparfait, inerte et dissous.*

Et voici comment, dès notre arrivée en Beauvaisis, accueillis par un cygne incongru à un péage autoroutier, Chantal et moi fûmes conduits de cygne en signes, et de signes en cygnes, à explorer des voies inédites qui, avec le temps, débouchèrent sur une meilleure compréhension de la Langue des Oiseaux, de l'Alchimie, et de la manière dont fonctionne la Vie.

Cher lecteur, chacun d'entre nous est susceptible de percevoir d'aussi subtiles indications pouvant passer pour des hasards, des coïncidences. Seuls ceux qui acceptent d'être attentifs aux signes que nous adresse cette intelligence dont nous n'avons d'ordinaire pas conscience peuvent en tirer bénéfice. Toujours en respectant notre libre-arbitre, de tels signes jalonnent notre route pour nous guider, pour nous aider à évoluer. Libre à chacun d'en tenir compte ou de les rejeter.

7

Des gants comme s'il en pleuvait

Jusqu'à présent, je vous ai exposé des incidents survenus dans ma vie en relation avec des oiseaux, ce qui m'a amené à évoquer la Langue des Oiseaux et son corollaire, l'Alchimie, puis aussi les signes et les synchronicités. Une fois qu'il est devenu manifeste pour chacun qu'une intelligence subtile nous prodigue à tous des conseils discrets et des solutions à nos questionnements par l'irruption dans notre réalité d'incidents qu'on pourrait presque considérer comme paranormaux, on se rend rapidement compte que le phénomène peut se produire dans plein d'autres circonstances, ces dernières pouvant être totalement étrangères aux volatiles qui ont justifié le titre du présent livre.

Certes, les oiseaux ont ceci de particulier qu'ils sont très mobiles, attirent l'attention par le chant ou le comportement, ce qu'on ne pourrait dire aussi aisément à propos d'objets inanimés. Raison pour laquelle je vais maintenant généraliser mon propos en vous exposant une autre série dense d'incidents répartis sur plusieurs mois : l'Affaire des Gants.

Les événements commencent par un heureux hasard, à savoir la quasi coïncidence entre notre lieu de vacances et l'adresse d'une maison d'édition.

Septembre 2000. Aspirant à un nécessaire repos dans une région calme pouvant nous offrir le soleil qui nous fait tant défaut dans le nord, nous avions réservé pour quelques jours, via un catalogue d'agence, un petit coin paradisiaque à nos yeux, situé dans un village du Gard baigné par l'Arre et nommé Le Vigan. Ce village est alimenté en eau par une source millénaire, abondante et constante : la source d'Isis ! Nous revoici donc involontairement plongés dans une connexion avec l'Égypte antique[1]. Connexion renforcée par la circonstance que la maison d'édition dont je vais vous parler s'appelait alors Les Éditions du Sphinx.

Je vous rappelle notre état d'esprit, à Chantal et moi, à l'époque des faits. Persuadés que notre idéal (éventuellement mythifié) de la Rose+Croix avait nécessairement dû se perpétuer sous le boisseau en dehors des groupements se réclamant du rosicrucianisme (voire même parfois s'autoproclamant en toute modestie seul Ordre antique authentique, mystique, universel, secret quoique public quant au montant des cotisations), nous cherchions à comprendre ce qu'il en était des mouvements fondés par Roger Caro, celui-là même dont nous devions bien plus tard découvrir les tribulations du côté du Mont Oreb. Les deux principaux mouvements institués par lui étaient, d'une part, les Frères Aînés de la Rose+Croix (FAR+C, une résurgence templière), et l'Église Universelle de la Nouvelle Alliance (EUNA, une église chrétienne gallicane).

Désireux d'explorer son œuvre littéraire, nous prenons contact avec le dépositaire officiel de ses ouvrages afin de lui passer commande. Après quelques échanges de courriels, quelle n'est pas notre surprise de découvrir que non seulement cet éditeur dépositaire réside à seulement quelques kilomètres de notre lieu de vacances prévu, mais que de plus, le délai postal prévu pour la livraison desdits ouvrages coïncidait avec nos dates de vacances prévue dans la même région. Dès lors, tant qu'à être absents au domicile et ne pas être en mesure de réceptionner les livres désirés, pourquoi ne pas allier les

---

1 Nous l'ignorions à l'époque, mais la jeune Isis qui donna son nom à cette source était une prêtresse nîmoise consacrée à la déesse romaine Diane. Ce qui est historiquement (ou même légendairement) attesté est toutefois sans importance quant à l'impact émotionnel de la synchronicité lorsque celle-ci survient.

loisirs à l'efficacité, éviter les frais postaux assez élevés, et rencontrer personnellement le responsable des Éditions du Sphinx ?

Pourquoi ce nom de Sphinx ? La dénomination a disparu depuis cette époque, mais ce Sphinx était pour nous une *énigme* (évidemment !) puisque nous développions également un intérêt marqué pour tout ce qui concernait le Plateau de Gizeh et ses alentours. De toute manière, il n'y avait géographiquement pas plus de distance entre Le Vigan et la maison d'édition qu'il n'y en a conceptuellement entre Isis et le Sphinx. Rendez-vous est pris par courriel avec l'éditeur.

Entre-temps, un gros souci d'ampleur nationale se concrétise à notre insu (car l'esprit en vacances se déconnecte volontiers de ce que racontent les médias) : durant notre long trajet entre le Grand Nord et le Gard, une grève des transporteurs routiers s'était déclenchée et prenait de l'ampleur, paralysant la circulation des marchandises. D'où la généralisation rapide d'une pénurie de carburant aux stations-service.

Une fois rendus à l'évidence, plus question pour nous d'envisager sillonner la région en tous sens avant le jour de notre rendez-vous, vu le peu d'essence restant dans le réservoir. Donc : économie forcée, repos obligatoire, lectures, marche locale… En un certain sens cette involontaire rupture d'avec notre vie trépidante nous arrange bien ! Si l'opiniâtreté face à l'adversité est une vertu, l'adaptabilité et l'acceptation de circonstances qui nous dépassent en sont aussi.

*

Vient le jour du rendez-vous. À l'heure dite, Chantal et moi nous trouvons devant l'entrée des Éditions du Sphinx ; j'avance un doigt vers le bouton de sonnette. Là, une foule de souvenirs me reviennent à l'esprit. Car cette maison d'édition m'est bien connue, depuis des mois et des mois, en tant que… parasite Internet !

Rétroactes. À l'époque des pionniers de ce réseau informatique encore balbutiant, la France était vue comme un désert en matière de télécommunications à cause d'un attachement immodéré à une technologie datant de vingt ans, déjà poussive et désuète, cherchant un nouveau souffle qui ne vint jamais : Minitel. Seuls quelques rares entrepreneurs audacieux tournés vers l'international avaient flairé le vent de la mutation en devenir et investi dans un ordinateur autonome connecté au prometteur réseau international. Le responsable des Éditions du Sphinx étaient de ceux-là, se retrouvant *de facto* parmi les premiers éditeurs de contenu en français sur Internet. En ce tout début du vingtième-et-unième siècle, nos navigateurs s'appelaient NCSA Mosaic, Internet Explorer ou Netscape Navigator, des programmes qui semblaient magiques mais presque oubliés aujourd'hui. C'était aussi l'époque où je me passionnais pour les mystères irrésolus de l'Égypte antique, marchant dans les pas de Robert Charroux, Erich von Däniken, Georges Barbarin, Robert Bauval, Graham Hancock... Surtout dans l'optique de vérifier certaines allégations touchant aux pyramides, aux tunnels, aux cavités, et au(x) Sphinx à Gizeh. Mais chaque question touchant au(x) Sphinx posée dans un moteur de recherche (Excite, Infoseek, Lycos, Altavista ; encore des noms d'une époque révolue...) ramenait prioritairement cette même maison d'édition, encore et toujours ! Là où l'on pouvait espérer qu'une requête lancée sur le mot-clé "Sphinx" pointerait vers des sites traitant d'égyptologie, non : cette insignifiante entreprise d'édition perdue en France profonde revenait sans cesse en haut de la liste des réponses, tel un leitmotiv : Éditions du Sphinx, Éditions du Sphinx... À force, j'avais fini par ne plus voir ce « parasite Internet », zappé jour après jour, sans me rendre compte que le « destin » me faisait là encore un clin d'œil dont je ne percevais pas encore l'ironie...

Donc, disais-je, en ce jour ensoleillé du sud de la France, à Laroque (Héraut), le doigt sur le bouton de sonnette des Éditions du Sphinx, tout cela me revient en mémoire, pouffant en mon for intérieur, amusé par l'espiègle manière qu'utilise Ce-qui-nous-Guide pour nous manipuler à travers le temps. Initialement partis sur les traces du Sphinx de Gizeh, Chantal et moi étions là comme des postulants sur le seuil des Éditions du Sphinx, lesquelles allaient nous fournir des ouvrages de Roger Caro qui, via l'Alchimie, bien plus tard, nous ramèneraient à la cité d'Héliopolis et au Sphinx de Gizeh !

Je passe sur les quelques agréables discussions courtoises qui suivirent l'achat de nos livres et les adieux subséquents pour en revenir au plus vite au fil conducteur du présent chapitre : les gants.

*

Afin d'épargner quelques kilomètres (et la si rare essence, entretemps passée dans la catégorie Produits de Luxe suite à la grève), nous reprenons la direction du Vigan par de petites voiries communales étroites et bucoliques. Hormis la marche, rien de mieux pour s'imprégner d'un terroir que le parcourir à petite vitesse par ses voies lentes, alors que le vif soleil force à s'exhaler les parfums de la végétation fleurie.

Malgré notre flânerie, nous avons tôt fait de rattraper un tracteur agricole encore plus lent que nous, impossible à dépasser. Peu importe, nous ne sommes pas pressés. Nous ne manquons donc pas d'observer que deux jeunes hommes s'agrippent de part et d'autre de la cabine, devisant avec le conducteur, tandis que dans l'impeccable remorque aussi neuve que vide, à l'exception d'une unique paire de gants de travail tressautant sur place à chaque cahot du véhicule.

Plutôt que respirer les gaz d'échappement du lourd véhicule, nous choisissons de marquer un petit arrêt, occasion idéale pour une vidange de vessie. Nous profitons de la quiétude de ce lieu isolé pour laisser ce tracteur prendre du champ et nous soulager en toute discrétion. Après quelques minutes, nous reprenons l'itinéraire.

Avant d'avoir parcouru un kilomètre, nous trouvons, en plein milieu du chemin communal, les deux gants tombés de la remorque du tracteur !

Jumeaux orphelins échoués là à l'insu de leurs propriétaires, suite aux secousses répétées.

En tant que touristes-vacanciers n'ayant strictement aucun besoin de tels symboles de travail, nous décidons de les contourner sans les abîmer et de tenter de rattraper le tracteur pour aviser les ouvriers agricoles de la perte de leur trésor. Ceci n'arrivera malheureusement jamais. Sans avoir rencontré de chemin latéral par où ce tracteur aurait pu se défiler, nous revoici soudain sur une départementale, presque rectiligne. Regard à gauche, regard à droite, regards partout : la zone est bien dégagée, aucun véhicule agricole visible aussi loin que puisse porter le regard... Comment est-ce possible ? Véhicule lent dans un paysage maintenant dégagé, sans ferme ou champ ayant pu lui faire quitter la route, pas de carrefour offrant une possibilité d'itinéraire alternatif, où donc a-t-il bien pu passer ?

À l'heure d'écrire ces lignes, j'ignore toujours si ce tracteur-escargot surgi devant nos roues pour y déposer deux gants erre toujours quelque part entre l'hyperespace et la Quatrième Dimension...

En soi, considéré isolément, cet incident n'est porteur d'aucune signification et ne justifierait pas toute la littérature ci-dessus. Même une gazette locale n'aurait pas daigné répercuter cette banale péripétie dans ses faits divers. Mais voilà qu'à cette infime anecdote s'en ajoute une autre.

Car, oui, nous sommes sur une départementale, mais pas encore sur celle qui nous ramènerait directement à notre lieu de vacances. Un regard sur la carte confirme notre position et nous incite à couper au plus court par de petites routes communales (rappel : méga-grève en cours = carburant introuvable), d'autant plus volontiers que le paysage est pittoresque et la météo splendide. Les lacets et virages entre les collines garnies de mas et de genêts sont d'un agrément certain, mais l'absence de villages nous empêche de nous orienter sans erreur, faute de panneaux indicateurs dont les autochtones n'ont pas besoin. La position du soleil nous suggère grosso-modo la bonne direction, mais sans précision. Et voici un carrefour. Sans indications, bien sûr. Nous ne sommes pas vraiment perdus, mais notre objectif reste d'emprunter le trajet le plus court, plus économique. Par où aller ? Les voiries sont semblables et d'importance égale...

La réponse gît sur le sol : un vieux gant recroquevillé, tout raplapla, usé par les pneus et le temps, pointe l'index vers l'un des chemins.

Pouvons-nous oser suivre son conseil ?

Bah ! Pourquoi pas ? Au pire, nous en serons quittes pour un petit détour...

Heureuse surprise : à peine quelques kilomètres plus loin, nous voici sur la bonne départementale, celle qui va nous ramener tout droit au bercail. Et force est de constater que nous avons abouti exactement à la jonction espérée, estimée d'après la carte routière. Bingo ! Merci, le gant, pour ton coup de pouce. Euh... d'index !

Et nous revoici en notre lieu de villégiature, au Vigan.

Le Vigan...

Là, une connexion commence à se deviner, reliant entre elles différentes coïncidences...

En langue occitane, le mot « vigan » a tout simplement le sens de « place du village », probablement par déformation du gallo-romain signifiant « le beau marché » ou « le blanc marché ». Dénomination adéquate au site. Définition apparemment non significative dans le cas présent. Par contre, dans notre contexte culturel personnel, Chantal et moi sommes contraints d'en convenir, dans notre nordique patois local hérité de nos grands-parents, un « vî gant », c'est un *vieux gant* !

Après avoir un peu ri de cette amusante coïncidence un tantinet étrange, nous reléguons ces incidents dans la catégorie Souvenirs, et achevons notre séjour méridional en bénéficiant de la fin de la grève des transporteurs et du retour progressif de la disponibilité des carburants.

Mi-septembre, la météo est toujours au beau fixe, mais les vacances touchent à leur fin. Voici venu le jour du retour. L'autoroute n'est pas très proche, et la première partie du trajet s'allonge interminablement sur des départementales dont une caractéristique (évidente mais mal estimée par nous) est l'absence totale de toilettes sur des kilomètres et des kilomètres... Survient inévitablement le pressant besoin d'éliminer les boissons ingurgitées les heures précédentes. Hélas pour nous, la rase garrigue méridionale[1] présente parfois un aspect moins intimiste que les forêts du nord... Par chance, un chemin de traverse semble aussi accueillant que désert. De fait, ce léger écart d'itinéraire nous est favorable et nous découvrons rapidement un endroit pro-pisse : un dense champ de maïs dont les tiges atteignent deux mètres. Je stoppe la voiture sur l'accotement, sors, et passe devant le véhicule à la recherche de la travée la plus praticable...

Là, surprise ! Juste devant l'auto, à cinquante centimètres devant la plaque d'immatriculation : un gant !

Pas un beau gant tout frais tout pimpant comme ceux tombés de la remorque du lent tracteur quelques jours plus tôt, non : un gant loqueteux, gris, sale, plat comme une feuille de papier, incrusté au bitume à force de s'être fait rouler dessus au fil des mois mais, indiscutablement, un gant.

Chantal et moi n'y voyons qu'une coïncidence (une de plus !) mais, tout de même, à la réflexion, après plus de cent kilomètres parcourus ce matin-là, parvenir à arrêter inopinément la voiture, de manière non préméditée, à quelques centimètres d'un gant, vu le contexte, ça interpelle !

La discussion se prolonge entre nous sur cet intri**gant** phénomène tandis que sous la voiture défile le bitume des heures durant. Loin derrière nous : Le Vigan, le Gard, l'Héraut, et, droit devant, le Pôle Nord, les manchots, et (bien moins loin) notre domicile et la perspective de retrouver notre travail routinier.

Sortie de l'autoroute, revoici notre terroir natal.

Toutefois, vu le millier de kilomètres parcourus et le manque d'envie de préparer un repas alors que le frigo avait été vidé et mis en sommeil à l'occasion de notre départ, nous choisissons, par facilité, de nous déporter vers le snack local afin d'absorber un repas chaud, simple et relativement rapide.

Pour y accéder, nous sommes contraints de dépasser notre domicile de quelques centaines de mètres et de faire demi-tour au rond-

---
1 Garrigue a, dans son étymologie, le provençal *garric* signifiant *chêne kermès* ! Le monde est petit !

point qu'on aperçoit là-bas. À l'emplacement-même du demi-tour, c'est-à-dire précisément au point de notre itinéraire le plus éloigné du Vigan, au mètre près, au sol : un gant !

Un beau gros gant de motocycliste, bien épais, bien rembourré, en cuir, tout beau, peut-être même tout neuf, probablement onéreux si pas luxueux, et sur lequel encore aucun véhicule n'est passé... Comment est-ce possible ? Un motocycliste n'enfile-t-il pas ses gants *avant* de rouler ? On peut imaginer un motard déposant ses gants sur son siège arrière le temps de faire le point avec ses amis ou d'acheter une barre chocolatée à la boutique du rond-point, mais pourquoi ne les aurait-il pas renfilés avant de redémarrer ? ? ? Comment un motard peut-il rouler avec un seul gant sans s'en apercevoir endéans un délai très court ?

L'incident vient nécessairement de se produire il y a quelques instants à peine car compte-tenu de l'intense trafic sur ce rond-point, le gant n'aurait pas pu survivre plus de dix minutes à un aplatissement fatal. Comme si ce fait-divers s'était produit juste devant nous... Comme s'il s'était produit *pour* nous...

Hasard, coïncidence... Les rationalistes adorent ces mots, en usent et en abusent pour justifier leur croyance en la non-existence de phénomènes anormaux – et je respecte leur religion – mais tant de gants en si peu de temps depuis Le Vigan, et en été, c'est à faire blêmir tout statisticien !

Les vacances vraiment finies, le travail reprend. Vu que le rush matinal a déjà été décrit au chapitre de l'Oiseau Toc-toc, je ne vais pas vous infliger cette redite. Par contre, pour assurer une ambiance sonore évocatrice, je peux vous proposer d'écouter l'Ouverture de la Cavalerie légère, de Franz von Suppé : un début lent, ensommeillé, débouchant après deux minutes sur un rappel au clairon suivi d'une galopade effrénée.

Bien sûr, à l'arrêt de bus, un gant traînait au pied de l'affichage des horaires. Que faire ? Le mettre bien en évidence dans l'espoir que son/sa propriétaire le récupère dans les heures suivantes, ou bien assumer mon devoir de citoyen coresponsable de la propreté publique en nourrissant la poubelle avide qui, juste là, bouche grand ouverte, semble réclamer sa nourriture ?

J'avoue qu'à cause du nombre d'années passées depuis cet incident, à l'heure de vous narrer cette tranche biographique, ma mémoire me trahit : j'ai oublié comment s'est terminé cet épisode...

Ach ! Alzheimer !... Tant pis ; le récit suit son cours.

Durant la pause de midi, je quitte mon bureau pour quelques achats rapides. Sur le trottoir, un gant de dame traîne devant la porte de la société qui m'emploie. Normal : il arrive souvent que des gens perdent des gants, non ? Surtout en cette radieuse fin d'été, lorsque cet accessoire est totalement inutile, plein de gens se baladent avec des gants en vue de les perdre, cela va de soi. Je traverse la rue, enjambe une moufle d'enfant, vraisemblablement éjectée d'un landau, et j'arrive au magasin pour constater qu'un gant transparent de chirurgien gît dans le caniveau. Encore un gant ? Peut-être la conséquence d'une « opération » commerciale ayant nécessité une découpe précise des prix ? Je ne tranche pas...

Eh mais quoi ? Que fait donc le Service Propreté de la Ville ? Je m'absente deux petites semaines, et voilà qu'entre-temps on ne nettoie plus ni les trottoirs ni les caniveaux ? Quelle époque ! Tout fout le camp !

Finalement, non. Erreur d'appréciation de ma part : durant l'après-midi, je vois passer un petit véhicule de nettoyeurs de gants, lesquels gants se font aspirer comme de vulgaires mégots par la lente machine munie d'une trompe et de brosses, tout récemment acquise par le Service Propreté de l'Administration Communale.

Le soir, je me rends à l'arrêt du bus pour m'en retourner à domicile et bientôt retrouver Chantal partie travailler de son côté. Bien entendu, entre le trottoir et le bus gît un gant. Je m'en fous, je l'enjambe avec dédain, je ne veux pas le voir. Trop, c'est trop !

Mais impossible de ne pas en parler lorsque Chantal me raconte en avoir trouvé de son côté, sur son propre itinéraire. Je suppose qu'en septembre, tout le monde se débarrasse de ses gants comme s'il ne devait plus jamais y avoir d'hiver ; c'est logique dans une société de surconsommation où tout est jetable. Mais il y a des poubelles, tout de même ! Un peu de savoir-vivre !

*

Dois-je continuer à vous énumérer par le détail la liste de toutes ces authentiques découvertes de gants ? Ne serait-ce pas fastidieux ? Car à partir de cette date, ce fut presque l'avalanche ! Durant les deux mois qui suivirent, ce n'est pas moins d'une soixantaine de gants que Chantal et moi comptabilisâmes sous nos pas. De toutes tailles, de toutes sortes, de tous genres, mais incontestablement toujours des gants ! Pour être sûrs de ne pas compter deux fois les mêmes, nous avons pris le pli de les ramasser à chaque fois et les ramener. Jusqu'à ce que la poubelle soit pleine. N'ayant pas vocation de collectionner les gants en vue d'une exposition, nous souvenant que la municipalité venait de décider de taxer les détritus en fonction de leur volume, décision est prise, hop : tous les gants à la déchetterie !

Ah oui : un soir, j'ai aussi trouvé une chaussette. Une anomalie, probablement, lorsque rencontrer en moyenne un gant abandonné par jour est devenu la norme…

Bon. À ce stade, il convient tout de même de s'asseoir et de réfléchir posément.

Inutile de le nier, Chantal et moi sommes là confrontés à un phénomène à la limite du paranormal. Rien d'inquiétant en soi, mais néanmoins interloquant, même si, au moment du constat, l'année va vers sa fin et voit le retour d'une météo moins clémente. Que peut bien signifier cette insistante profusion de gants ? Que symbolise le gant ?

▶ La protection de la main ? La main elle-même ?
▶ Mettre des gants ? Expression signifiant une nécessaire prudence lors d'une action quelconque. Une allusion redondante au message de prudence délivré par les mésanges ? Aborder quelqu'un (qui ?) en y mettant des gants ?
▶ Approcher une obédience maçonnique ? Après tout, en tenue, les

Francs-Maçons portent des gants. C'est une piste, mais équivoque, car le gant n'est pas le premier symbole venant à l'esprit lorsqu'on songe à la F∴M∴. Imaginez-nous trouver en rue une soixantaine de tabliers égarés ! Ou autant d'équerres ou de compas !
- Les ouvriers et les manœuvres mettent des gants. Dans ce cas, il s'agit du sens premier de cet outil : protéger les mains. Mais de quoi ? Allégoriquement, le gant de manœuvre évoque l'expression « se mettre à l'œuvre » (main+œuvre). Mettre la main à l'ouvrage ? Se mettre au Grand-Œuvre ? Une invitation à s'investir concrètement dans l'Alchimie ?
- Les chirurgiens, médecins, dentistes, mettent des gants pour une question d'hygiène. Là, la signification est à l'opposé : c'est l'objet de la manipulation qui doit être protégé des impuretés propagées par les mains. Idem pour les artisans amenés à manipuler des denrées alimentaires. Ces gants-là évoquent une idée de pureté aseptique.
- Hors de toute action, le gant peut tout simplement être une protection contre le froid. Moufles et mitaines se classent dans cette même catégorie (nous en avons trouvés aussi !). Mais l'irruption massive des gants dans notre vie est survenue fin d'été, par beau temps, et une très belle arrière-saison s'ensuivit, accompagnée de températures agréablement douces. Fausse piste ?
- Les chevaliers en armure portaient des gants (gantelets). Une allusion à l'esprit de chevalerie ? À un Ordre chevaleresque ? Il est vrai que nous sommes alors en pleine recherche concernant les filiations des Templiers et des Chevaliers Rose+Croix, mais pas plus que dans le cas de la F∴M∴, le gant n'en est pas le symbole le plus évocateur, comparé à l'épée, au heaume, à la lance, à l'écu...
- Jeter le gant : expression équivoque ! Son sens premier évoque un défi, selon la coutume moyenâgeuse consistant à jeter son gant aux pieds de qui l'on provoquait en duel. Relever le gant (le ramasser) était un signe d'acceptation de ce défi. Était-ce cela que pouvaient signifier tous ces gants jetés devant nos pieds ou nos roues ? Un défi à relever ?

Par contre, jeter le gant sur un ring, c'est une marque d'abandon du

combat, tout comme coucher son roi aux échecs. Une démission.
- ▶ L'expression « une main de fer dans un gant de velours » est bien connue, signifiant le dur autoritarisme masqué par une douceur hypocrite. Je ne vois pas en quoi notre situation puisse se trouver en adéquation avec cette image politique, donc : passons.
- ▶ Parmi les approximations évoquées par le gant, il y a Gand, la ville flamande, orthographiée avec un « t » final au Moyen-âge. En effet, une piste s'ouvre dans cette direction lorsque nous découvrons qu'y réside un des successeurs à la direction de l'Église fondée par Caro. Malheureusement, l'élaboration du profil de ce personnage via l'analyse de ses publications nous amène à rejeter catégoriquement toute idée de trouver grâce à lui une quelconque filiation authentique de l'idéal qu'avait voulu perpétuer Roger Caro. Il y avait bien une filiation canonique, juridique, avec profusion de titres, de références, d'accolades sacramentelles et de bénédictions, mais rien qui aille au-delà des apparences de respectabilité. Bien au contraire !

Après toutes ces cogitations sur les possibles significations logiques ou symboliques de cette kyrielle de gants, nous revoici Gros-Jean comme devant. « Jean » ne serait-il d'ailleurs pas aussi une approximation de « gant » ? Autrefois, Jean s'écrivait Jehan et se prononçait Jéhan, désignant des personnages de très haute taille. Mais je crains que cette information nous éloigne plutôt que nous rapproche de la solution à notre énigme.

Un matin, au réveil, très exactement le lendemain du soir où j'avais lu je ne sais plus quel bouquin traitant d'Alchimie, quelque chose me travaille. Je me dis (silencieusement, *in petto*) qu'il est de mon devoir, de ma responsabilité (et aussi de mon choix intime) de « relever le gant ». Je prends dès lors le ferme engagement envers moi-même et l'Univers entier de désormais m'impliquer au maximum dans cette Science, bien plus intensément qu'en lisant des ouvrages superficiels relatifs à ce sujet. Car s'engager en Alchimie, c'est comme entrer au monastère : c'est s'impliquer à fond dans une démarche de longue haleine, certes difficile, mais qui ne risque pas d'aboutir si on ne s'y investit pas avec son âme et ses tripes. Pour aboutir dans cette discipline, il faut s'en imprégner au point d'en faire son quotidien, son mode de pensée permanent. Il faut sans relâche étudier Alchimie, respirer Alchimie, manger Alchimie, boire Alchimie, devenir Alchimie au point de ne plus distinguer l'Alchimie de l'aspirant alchimiste !

Sacré programme ! Mais cette décision personnelle agit apparemment comme un courant d'air affectant la planète entière : à partir de ce jour, tous les gants perdus se voient dématérialisés ! Du jour au lendemain, plus un seul gant à trouver devant nos pas, ni sur les sentiers, les rues, les trottoirs, ni dans les caniveaux, ni aux arrêts de bus ! L'hémorragie est – semble-t-il – jugulée.

OK. J'avoue exagérer un peu. Il m'arrive encore de trouver un gant perdu ici ou là, en particulier en hiver, aux endroits fréquentés, mais il s'agit là d'incidents statistiquement normaux. Trouver un gant chaque trimestre en zone urbaine n'a rien d'irrationnel dès lors qu'on ne flâne pas le nez en l'air mais qu'on regarde où l'on pose les pieds. Donc oui, je trouve de temps en temps l'un ou l'autre gant, mais pas dans une proportion qui mériterait de vous en faire part : une fois prise la décision de « relever le gant », nous voici retombés dans la normalité.

Une fois qu'un message est compris, il n'est plus nécessaire de le répéter, n'est-ce pas ? Cela doit vraisemblablement être le cas dans l'affaire qui nous intrigue.

*

Quelquefois, les gants se rappellent à notre attention, de façon ponctuelle, sporadique, comme une piqûre de rappel, mais sans insistance ostensible. Plus rien à voir avec le déluge de gants décrit ci-dessus.

Il faut néanmoins que je vous conte l'un de ces incidents, à cause de son caractère étrange.

Chantal et moi sommes alors en Haute-Savoie, en amont d'une

gigantesque cascade, sur un sentier carrossable accessible aux voitures mais que nous avons décidé de gravir à pied vu la météo impeccable et l'aspect paisible du cadre environnant dans lequel rivalisent forêts de pins, pâtures d'alpage, et falaises époustouflantes.

À notre gauche, une petite pinède a subi une coupe importante. La circonstance n'est pas rare car outre l'agriculture et l'élevage, la région vit aussi de ses scieries fabriquant planches, chalets et mobilier en pin. Il est toujours impressionnant de voir à l'œuvre les puissants engins d'exploitation forestière manipulant des grumes de plusieurs tonnes avec une précision centimétrique. Pourtant, ce jour-là, la montagne bénéficie d'un calme absolu. Les troncs des pins coupés ont été évacués quelques jours auparavant ; seules quelques branches épineuses encore vertes amassées sur l'accotement témoignent de la récente activité forestière. Des aiguilles de pins restent bien sûr éparpillées un peu partout, formant parfois des amas verts, et quelques rares bribes d'écorces jonchent encore l'étroite route, mais ne pinaillons pas : globalement, la voirie a été proprement nettoyée.

Sauf...

Sauf cette épaisse tache mouillée, brunâtre, qu'on aperçoit là-bas en plein milieu du macadam. Qu'est-ce donc ? Notre cœur fait un bond ! De loin, cela semble évident : un *gant* de manœuvre, écrasé, écrabouillé, détrempé, nous attend là-bas à trente mètres ! Un gant d'ouvrier perdu sur un chantier sylvestre n'a bien sûr rien d'anormal, mais pour Chantal et moi, cette incongruité prend une connotation toute particulière.

Nous nous en approchons, avec l'intention de « relever le gant » (une fois de plus) mais plus nous avançons, plus nous nous rendons compte de notre méprise. Nous nous sommes piégés nous-mêmes en projetant nos attentes personnelles sur la réalité ! Ce qui nous attend là présente toutefois un caractère surréaliste digne de René Magritte ; élément suffisamment étonnant pour que je vous en présente ici la photo :

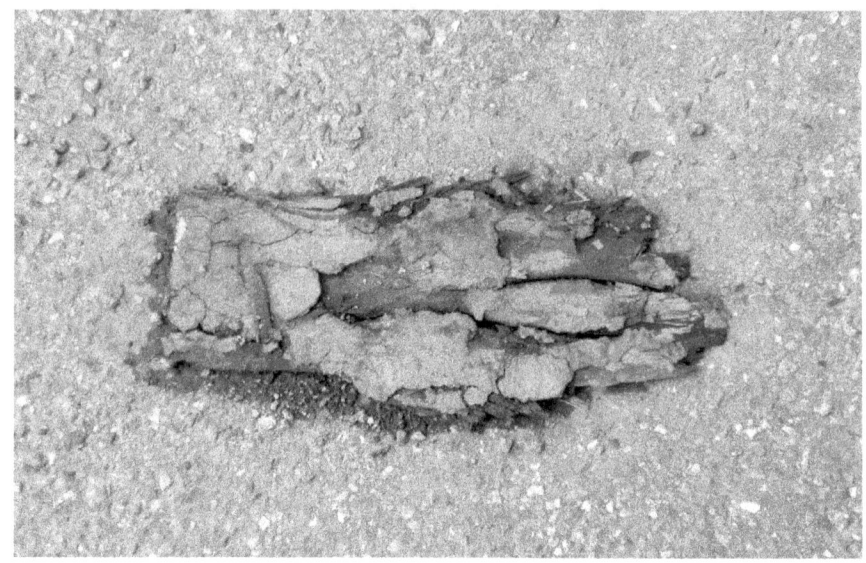

Ceci n'est pas un gant.

    Ce n'est qu'un morceau d'écorce de pin, probablement arraché lors du chargement des grumes sur un camion, imbibé d'eau par la pluie de la veille. D'une vingtaine de centimètres de long pour une largeur de huit, tant par la forme que la couleur (impossible à restituer correctement ici), ce bout de bois ramolli a vraiment l'aspect général d'un gant de travail perdu puis écrasé et détrempé. Suffisamment ressemblant pour prêter à confusion à une distance de quelques mètres.

    Le plus étonnant, c'est surtout son caractère isolé, donc évident, attirant immédiatement le regard. Car il ne s'agit pas d'un morceau d'écorce traînant là parmi d'autres morceaux d'écorces. Non : sur ce site d'exploitation, il s'agit *du seul* morceau d'écorce tombé sur la route !

    Autre incident considéré par Chantal et moi comme un « aide-mémoire », comme un rappel à l'ordre. Nous sommes en voiture en direction de l'Abbaye de Fontevraud, en Pays de la Loire, où l'on nous attend. Une route dégagée alliée à une météo favorable nous ont fait prendre beaucoup d'avance par rapport à notre horaire estimé ; l'occasion est belle pour parcourir un peu le terroir du sud du Mans, de délaisser les départementales pour emprunter les petits chemins, avec l'espoir de dénicher un endroit sympa pour manger notre sandwich de midi. Au détour d'un chemin quasi désert, l'endroit idéal est assez rapidement repéré, un peu à l'est de La Flèche (Sarthe), à proximité du village de Mansigné dont le nom avait attiré notre attention. Mansigné ? Signe de la main ? Main qui signe ? Maison incendiée (igné, vieux mot dérivé du latin IGNIS → feu, incendie, foyer, éclair, chaleur ou éclat lumineux d'un corps) ? De la main au gant, il n'y a pas long, et donc, cheminer dans ce secteur nous paraît approprié, puisque nous sommes désormais attentifs aux signes, même s'ils s'avèrent parfois en fin de compte ne relever que d'ordinaires coïncidences non significatives.

Là, disais-je, un petit carré d'herbe rase nous invite à la pause, à l'ombre d'un bosquet, proposant assez d'espace où ranger la voiture sans faire obstacle à un éventuel véhicule de passage. De plus, un petit ruisseau ajoute une touche bucolique à ce paysage attrayant.

Lieu tellement paisible que notre repas s'achève sans qu'un seul passant se soit manifesté. Avant de reprendre la route, notre curiosité nous pousse à identifier le charmant ruisselet. Aucun panneau ne mentionnant son nom, nous nous reportons vers la carte routière, malgré notre doute d'y trouver répertorié ce dérisoire filet d'eau. Et pourtant oui ! Le nom de ce ru figure sur la carte : c'est le Gandelin !

*

Ne souhaitant pas vous importuner d'avantage avec cette histoire de gants qui, somme toute, relève de notre vie privée à Chantal et moi, je souhaite conclure ici ce chapitre par une réflexion philosophique résumant tous ces phénomènes.

Depuis que nous avons « relevé le gant », notre vie a changé. D'anciens comportements ont été abandonnés, de nouvelles voies de recherche se sont ouvertes, des réponses ont été apportées à nos interrogations. Je ne vous en dirai pas plus, non pas seulement parce qu'il s'agit de notre intimité profonde (la spiritualité, on peut en parler, mais la vivre est nécessairement une démarche toute personnelle), mais surtout parce que les signes qui nous ont interpellés ne sont pas transposables tels quels dans votre propre vécu.

À preuve : quelques années plus tard, un ami à qui j'avais conté la même aventure qu'à vous, me reparle de cette cascade d'incidents avec une certaine déception. À l'occasion d'un repas de fête familiale, il avait répercuté mon récit à sa prolifique descendance ; tous en étaient restés abasourdis, interloqués par cette accumulation d'incidents défiant toute statistique. Je les comprends, l'ayant été moi aussi. Par contre, son dépit provenait de l'absence de gants dans sa propre expérience : même en cherchant bien, avec assiduité, appuyé par sa nombreuse famille, il n'avait pu en trouver aucun !

Il n'avait pas compris que cette expérience de synchronicités teintées de symbolisme nous était personnelle, à Chantal et moi, et que si cet ami avait – comme tout le monde – des questions à résoudre, ce n'était pas en copiant *nos* réponses qu'il aurait trouvé les siennes.

Non. La morale de notre histoire, c'est qu'il existe dans la Nature une intelligence qui veille sur chacun de nous, tente de s'adresser à nous, personnellement, pour nous guider avec des messages adaptés, pour nous canaliser, nous proposer des solutions personnalisées, mais toujours avec subtilité et discrétion, sans jamais attenter à notre libre-arbitre, sans s'imposer. Certes, probablement pas dans des proportions aussi spectaculaires que dans le cas des mésanges messagères ou des gants prolifiques dont je vous ai conté ici l'authentique intrusion.

Quoique… ?

Souhaitez-vous ne pas croire à mes propos ? C'est votre droit le plus strict. Étant moi-même formé aux disciplines scientifiques, je ne peux que vous encourager à appliquer méthodiquement le doute, systématiquement.

Au contraire, souhaitez-vous adopter mon récit ? Je vous en remercie, mais alors, sachez ne pas tomber dans le travers de mon ami déçu ; parcourez la Nature avec l'œil et l'esprit ouverts, soyez attentifs aux signes qui (peut-être) s'adressent à vous, sans idée préconçue car ceux qui vous sont destinés seront nécessairement différents des miens. Et aussi, ne sombrez pas dans l'excès frénétique consistant à voir des signes partout en n'importe quelle circonstance, car par expérience, il m'apparaît que de tels signes sont suffisamment parlants et redondants pour éviter tout malentendu.

À chacun son expérience…

Chacun sa route, chacun son chemin, >
Passe le message à ton voisin.
(KOD)

< *Je souhaite moi aussi conclure ce chapitre par une petite touche culturelle de mon cru : une citation extraite d'un ouvrage de Claude-Sosthène Grasset d'Orcet (1828–1900), un de mes auteurs favoris, malgré son mode de pensée difficile, parce qu'il s'y connaissait en blasons et en héraldique. Comprenez mon coup de cœur : je suis un blason !*

Ce court texte a rapport au gant, envisagé sous un angle assez surprenant. Il est extrait d'un texte intitulé « La préface de Poliphile » écrit sous le pseudonyme de Claudius Popelin. Publié en 1884. Il y évoque un système de codage du langage (voisin de la Langue des Oiseaux). Le premier paragraphe ci-dessous situe le contexte nécessaire à la compréhension du second.

> *[...] pour faciliter l'usage de cette calligraphie nouvelle aux initiés, il fallait une nouvelle grammaire ou un nouveau* grimoire, *puisque ce dernier vocable n'est que la prononciation gothique de celui de* grammaire. *Le Poliphile est [...] la* grammaire *ou le* grimoire *des disciples de* saint Gilpin, *ou, plus explicitement, la* grammaire *de* saint Jean Glypant. *[...] On sait ce que veut dire en grec* glype *ou* glyphe, *dont on a tiré le mot* hiéroglyphe. *Ce mot veut dire* graver *et est passé dans notre langue moderne sous la forme de* glyptique. *Le livre Poliphile est donc, en français moderne, une méthode de* glyptique.
>
> *Mais pourquoi fait-on intervenir saint Jean dans cette affaire ? C'est parce qu'il a écrit l'*Apocalypse, *qui est elle-même un traité de glyptique chrétienne en langue grecque. Aussi les Gilpins le considéraient-ils à juste titre comme leur ancêtre et leur fondateur. C'est ce Goulia mystérieux dont ils prétendent être les fils, et il n'y a qu'à voir l'emblème qu'on lui donne dans toute la glyptique gothique :* l'aigle, *ainsi que la place qui lui est constamment assignée au* nord, *pour se rendre compte des fonctions du dieu gaulois qu'il a remplacé, car ce Jean n'est pas le* Io-han *hébreu, dieu du soleil couchant ; c'est le* Gien *gaulois, ou l'hiver, combattant l'*aquilon :

> Gien, glas poing. *Le nom de* Gien *est gréco-druidique ; il vient du mot* ganos, *qui veut dire* gain, lumière, *et il est représenté par un* gant, *lequel est en effet le meilleur moyen de combattre le froid.*

Ainsi donc, le gant dissimulerait Gien, dieu gaulois quasi inconnu, personnification du retour de la lumière combattant le nordique froid hivernal. Dans cette optique, le gant devient un instrument primordial de la lutte de la Lumière contre les Ténèbres. Y a-t-il symbole plus évocateur de l'initiation, et du combat qui en découle ?

8

La Langue des Oiseaux

Dans le présent ouvrage, l'expression « Langue des Oiseaux » (aussi appelée, selon les historiens : Langue Verte, Art Goth, Langue des dieux, Langue de Dieu, Langue des Anges, Gay Sçavoir, Dive Bouteille…) a été utilisée dans deux significations différentes qui néanmoins se rejoignent parfois.

D'une part, nous en parlons comme d'un langage symbolique utilisé par une intelligence s'adressant à nous par l'entremise d'incidents impliquant des oiseaux, et si certains l'ont dénommée « Langue des Anges » (souvenons-nous de nos més/anges !), c'est qu'ils durent probablement, comme Chantal et moi, se rendre à l'évidence que certains événements ne laissent aucun doute quant à l'irruption dans nos vies de messagers se faisant l'expression de cette intelligence transcendante.

D'autre part nous l'évoquons comme un système de codage usité par les ésotéristes dont, notamment, les Alchimistes. C'est de ce second aspect que je souhaite vous entretenir dans ce dernier chapitre, maintenant que les incidents biographiques aux connotations aviaires ont été décortiqués.

*

Selon une pertinente tentative de définition publiée sur Wikipedia, la Langue des Oiseaux serait une langue secrète, cryptée, consistant à donner un sens autre à des mots ou à une phrase :

▶ soit par un jeu de sonorités (homophonies, exactes ou approximatives, établissant une correspondance sonore des mots énoncés avec d'autres non-dits permettant un rapprochement sémantique codant volontairement une information, soit pour la masquer, soit pour en amplifier le sens) ;
▶ soit par des jeux de mots (verlan, anagrammes, fragments de mots, mots lus en miroir, acrostiches, acronymes…) ;
▶ soit par le recours à la symbolique des lettres (leur dessin pouvant être évocateur, comme dans les langues antiques) ou à leur valeur numérique ou numérologique ;
▶ soit par le renvoi à des significations non usuelles via l'étymologie.

La simple énumération de toutes ces possibilités montre combien les possibilités de cryptage peuvent se démultiplier à l'infini pour tout qui n'aurait pas été initié au contexte ayant prévalu lors du codage. À moins d'avoir été divinement inspiré, bien sûr, sans quoi, tout comme lors de lectures d'augures, n'importe quelle interprétation pourrait intellectuellement être justifiée, sans pour autant s'avérer.

Théorisée par Grasset d'Orcet et Fulcanelli dans leurs ouvrages, langue d'initiés depuis des temps immémoriaux, système d'encryptage lié à l'alchimie, à la poésie hermétique ou encore à l'occultisme, la Langue des Oiseaux acquiert une dimension psychologique au XXème siècle grâce aux travaux de Carl-Gustav Jung ou de Jacques Lacan, lesquels y voient un codage *inconscient* permettant d'amplifier le sens des mots et des idées.

Comment fonctionne cette langue ? Vous n'aurez pas manqué de relever plusieurs exemples parsemés au fil des pages précédentes. Certains sont évidents et même expliqués, d'autres sont discrets, à l'intention des lecteurs les plus perspicaces. Mais point n'est besoin de les rechercher avec acharnement, hormis pour le plaisir du jeu. Cette langue est retranscrite, ce qui facilite sa transmission par delà le temps et l'espace ; pourtant, elle est avant tout phonétique, destinée à être parlée, dite à haute voix, permettant ainsi aux assonances de ressortir plus aisément. Cependant, un grand nombre d'entre nous verbalisent mentalement ce qu'ils lisent, réussissant ainsi à percevoir les différentes acceptions dissimulées dans une formulation ambigüe.

Pour comprendre la manière dont s'articule la logique de ce langage codé, continuons à nous inspirer de Wikipedia puisqu'une phrase codée proposée par les rédacteurs est d'une pertinence indiscutable :

> *Il n'est pas interdit de voir dans la Langue des Oiseaux une analogie avec sa dimension aérienne puisqu'elle consiste à faire « décoller » le son, à l'entendre plutôt qu'à le lire. Il s'agit donc de ne plus se fier à « l'écrit », mais d'entendre « les cris », ceux des oiseaux, des mots chantés. L'exemple suivant permet d'en comprendre le principe :*
> *- phrase codée : « Vois si un mets sage se crée, dit sans les mots »*
> *- phrase décodée : « Voici un message secret disant les mots ».*
>
> *Cet exemple nous encourage à dépasser les lettres pour privilégier plutôt la vision (« vois ») car s'y cache un secret, un savoir : « se crée » (au sens de : un message en naît ou en est, ici le mot premier « secret » peut être conservé), un savoir intangible car « dit sans les mots ».*
>
> *Dans cette langue, le son « résonne » et « raisonne ». L'analogie avec les oiseaux est avant tout physique : les sons volent a contrario des lettres, qui restent fixes, même les « L » (ailes) ! La langue des oiseaux nous invite à trouver le sens profond, caché, de la phrase.*

Utilisée essentiellement pour « extraire l'esprit » des ouvrages didactiques en sciences ésotériques, pour en saisir la signification secrète intrinsèque, la Langue des Oiseaux est considérée par Grasset d'Orcet et Emmanuel-Yves Monin comme utilisable pour percevoir la signification « originelle » de tout mot, avant déformation par les connotations émotionnelles et culturelles du langage courant. Cela rejoint le concept de langue-mère universelle, langue sacrée originelle qui aurait été en usage dès l'aube de l'humanité, compréhensible par tous jusqu'à la survenance d'un événement symbolisé par la légende de la Tour de Babel, et capable de véhiculer des concepts sur plusieurs niveaux de lecture (du plus concret au plus spirituel), comme ce fut encore le cas des siècles plus tard avec le sanscrit, l'égyptien ancien ou l'hébreu mosaïque, et même le grec archaïque.

Les oiseaux m'ont dit, dans leur langue...

C'est ce que souligne Fulcanelli, qui en profite pour tordre le cou à certaines légendes encore propagées de nos jours quant aux fondements latins de la langue française. Le texte suivant est issu de son ouvrage « Les Demeures philosophales » (chapitre « La Cabale hermétique »).

> [...] *les vieux maîtres, dans la rédaction de leurs traités, utilisèrent surtout la cabale hermétique, qu'ils appelaient encore langue des oiseaux, des dieux, gaye science ou gay scavoir. De cette manière, ils purent dérober au vulgaire les principes de leur science, en les enveloppant d'une couverture cabalistique. C'est là une chose indiscutable et fort connue. Mais ce qui est généralement ignoré, c'est que l'idiome auquel les auteurs empruntèrent leurs termes est le grec archaïque, langue mère d'après la pluralité des disciples d'Hermès. La raison pour laquelle on ne s'aperçoit pas de l'intervention cabalistique tient précisément dans ce fait que le français provient directement du grec. En conséquence, tous les vocables choisis dans notre langue pour définir certains secrets, ayant leurs équivalents orthographiques ou phonétiques grecs, il suffit de bien connaître ceux-ci pour découvrir aussitôt le sens exact, rétabli, de ceux-là. Car si le français, quant au fond, est véritablement hellénique, sa signification s'est trouvée modifiée au cours des siècles, à mesure qu'elle s'éloignait de sa source et avant la transformation radicale que lui fit subir la Renaissance, — décadence cachée sous le mot réforme.*
>
> *L'imposition de mots grecs dissimulés sous des termes français correspondants, de texture semblable, mais de sens plus ou moins corrompu, permet à l'investigateur de pénétrer aisément la pensée intime des maîtres et de lui donner la clef du sanctuaire hermétique. C'est ce moyen que nous avons utilisé, à l'exemple des anciens, et auquel nous aurons fréquemment recours dans l'analyse des œuvres symboliques léguées par nos ancêtres.*
>
> *Bien des philologues, sans doute, ne partageront pas notre opinion et resteront assurés, avec la masse populaire, que notre langue est d'origine latine, uniquement parce qu'ils en ont reçu la notion première sur les bancs du collège. Nous-mêmes avons cru, et longtemps accepté comme l'expression de la vérité, ce qu'enseignaient nos professeurs. Plus tard seulement, en recherchant la preuve de cette filiation toute conventionnelle, il nous a fallu*

> *reconnaître la vanité de nos efforts et repousser l'erreur née du préjugé classique.*
> *Aujourd'hui, rien ne saurait entamer notre conviction, maintes fois confirmée par le succès obtenu dans l'ordre des phénomènes matériels et des résultats scientifiques. C'est pourquoi nous affirmons hautement, sans nier l'introduction d'éléments latins dans notre idiome depuis la conquête romaine, que notre langue est grecque, que nous sommes des Hellènes ou, plus exactement, des Pélasges.*
> *La langue des oiseaux est un idiome phonétique basé uniquement sur l'assonance. On n'y tient donc aucun compte de l'orthographe, dont la rigueur même sert de frein aux esprits curieux et rend inacceptable toute spéculation réalisée en dehors des règles de la grammaire. « Je ne m'attache qu'aux choses utiles, dit, au VIe siècle, saint Grégoire, dans une lettre qui sert de préface à ses Morales, sans m'occuper ni du style, ni du régime des prépositions, ni des désinences, parce qu'il n'est pas digne d'un chrétien d'assujettir les paroles de l'Écriture aux règles de la grammaire. » Cela signifie que le sens des livres sacrés n'est point littéral, et qu'il est indispensable d'en savoir retrouver l'esprit par l'interprétation cabalistique, ainsi qu'on a coutume de le faire pour comprendre les ouvrages alchimiques. Les rares auteurs qui ont parlé de la langue des oiseaux lui attribuent la première place à l'origine des langues. Son antiquité remonterait à Adam, qui l'aurait utilisée pour imposer, selon l'ordre de Dieu, les noms convenables, propres à définir les caractéristiques des êtres et des choses créés.*

Plus loin dans ce même chapitre, il précise :

> *On connaissait la cabale hermétique en Égypte, au moins dans la caste sacerdotale, ainsi qu'en témoigne l'invocation du Papyrus de Leyde*[1] *: « ... Je t'invoque, toi, le plus puissant des dieux, qui as tout créé ; toi, né de toi-même, qui vois tout, sans pouvoir être vu... Je t'invoque sous le nom que tu possèdes dans la* langue des oiseaux, *dans celle des hiéroglyphes, dans celle des Juifs, dans celle des Égyptiens, dans celle des cynocéphales... dans celle des éperviers, dans la langue hiératique. » Nous retrouvons encore cet idiome chez les Incas, souverains du Pérou jusqu'à l'époque de la conquête espagnole ; les anciens écrivains l'appellent* lengua general *(langue*

---

1 Papyrus égyptien conservé au Rijksmuseum van Oudheden, à Leyde (Pays-Bas) compilant des textes écrits en grec vers le IIIème siècle.

> *universelle) et* lengua cortesana *(langue de cour), c'est-à-dire* langue diplomatique[1], *parce qu'elle recèle une double signification correspondant à une double science, l'une apparente, l'autre profonde*

Nous entrapercevons ici l'existence d'une « langue mère de toutes les langues », concomitante à l'apparition du langage lui-même, en des temps si reculés qu'on en a perdu la filiation historique. Cette langue, issue de la Nature elle-même en tant qu'expression de cette dernière, donne l'impression d'être « divine » tant sa finesse et son adéquation à de multiples contextes sont grandes. C'est ce que nous raconte la Bible lors de l'épisode mythique de la Tour de Babel : il vint un moment où les humains perdirent le sens du sacré, s'enorgueillirent au point de se croire égaux au créateur de l'univers et, *in fine*, perdirent leur cohésion entre eux et avec le tout, s'exprimant dès lors en différents langages et ne se comprenant plus mutuellement.

Notez ce corollaire essentiel : s'il existe un tel outil d'expression, certes méconnu mais universel, capable d'être lu à plusieurs niveaux de compréhension, cela implique aussi une organisation du monde qui rende possible une telle imbrication de concepts corrélés, où le hasard n'a pas sa place. Je vous laisse méditer sur l'importance de ce constat quant à la structure de l'Univers et à l'expression orale qui lui est intriquée.

---

1 La langue « diplomatique », traditionnellement usitée dans les ambassades, est plus qu'un phrasé poli, bienséant et mondain en vigueur dans les salons où se croisent les émissaires internationaux ; c'est un langage dont il importe de comprendre les non-dits, les sous-entendus, les analogies, les demi-mots, les menaces non explicites, comme un discours à « lire entre les lignes ». Il y a là aussi un ensemble de règles permettant le décodage d'un langage secret (la *langue des dieux* ou la *langue des oiseaux*, dixit Fulcanelli dans « Le Mystère des Cathédrales », section « La Croix cyclique d'Hendaye ») dont traita Grasset d'Orcet dans son analyse du « Songe de Poliphile ». Les diplomates, porte-parole des souverains (équivalents terrestres des dieux) ont un rôle similaire à celui d'Hermès : messager et initiateur des Arts occultés.

Allons plus loin. En jouant sur les lettres, les sons, les sens, les analogies, même par approximations, la Langue des Oiseaux a trait aux symboles, c'est-à-dire à des représentations de concepts.

Précédemment, nous suggérions qu'en s'affranchissant des règles de grammaire et d'orthographe, elle permet d'entendre autrement les mots et les expressions, pour en faire émerger un sens secret en nous initiant (avec le temps et la pratique) à une tournure d'esprit particulière, à une disposition à capter la puissance symbolique du langage.

Elle peut ainsi aider un thérapeute en fournissant un sens plausible aux « maux » inconsciemment exprimés par des « mots », surtout lors de descriptions de rêves récurrents ou ceux fortement chargés d'émotivité et qui, généralement, nous sortent assez abruptement de notre sommeil : ces rêves-là sont autant de messages porteurs de symboles (à décoder), envoyés par notre subconscient à notre conscience concernant nos problèmes (physiques, psychologiques, relationnels, voire même métaphysiques). Certains auteurs n'hésitent d'ailleurs pas à affirmer que tout notre corps nous parle symboliquement par l'entremise de nos maladies, nos infirmités, ou – moins grave – de nos petits accrocs de santé, voire même de nos petits accidents domestiques.

Quelques exemples ? Une amie vivait très mal sa situation en entreprise, dans laquelle ses chefs lui... reprochaient de se conformer aux instructions reçues ! Le siège de cette entreprise avait d'ailleurs été populairement renommé « Les fous gèrent », par allusion aux plantes homophones, elles aussi très primitives. Or cette amie, pour exprimer son dépit, avait pour expression favorite « Tout ça, ça me gonfle ! ». De fait, elle n'arrêtait pas de prendre du poids, même sans manger. Tout simplement, elle somatisait : son subconscient retranscrivait dans sa chair le fait que cette situation « la gonflait », la transformant peu à peu en sosie de Bibendum. Autre cas : une parente en « avait plein le dos » d'une situation désagréable dont elle ne pouvait se départir ; elle dut plusieurs fois se faire redresser une vertèbre par un ostéopathe. Pas question ici, bien sûr, de nier la faiblesse chronique de sa musculature dorsale, cause physique immédiate de ces douloureux déplacements vertébraux, mais comment et pourquoi cette faiblesse serait-elle survenue, sinon par la pérenne adoption inconsciente de postures inadéquates finissant par retranscrire dans son corps ce qu'elle exprimait verbalement par une expression symboliquement explicite ? Interrompons ici cette liste d'exemples, tant elle pourrait s'allonger d'innombrables cas, tel celui de ce monsieur souffrant des chevilles jusqu'à ce qu'il réalise son mal-être professionnel : son corps lui signifiait qu'il ne voulait plus marcher dans cette voie. Sommes-nous là loin de la Langue des Oiseaux ? Pas du tout ! Oh, bien sûr, il ne s'agit pas ici de codages volontaires d'origine humaine à destination exclusive d'autres initiés ; par contre, nous voyons bel et bien à l'œuvre toute une série de retranscriptions, au niveau corporel, de messages codés provenant du subconscient, et dont la signification ne peut être rendue évidente que par le recours aux expressions symboliques qu'on pourrait initialement croire sans rapport. Pour les puristes qui nous reprocheraient de mêler indûment ces somatisations à la Langue des Oiseaux, nous pourrions alors préciser qu'il s'agit là d'une langue *proche* de celle des Oiseaux (un peu comme l'italien peut l'être du français) car le fondement est similaire : triturer les mots, les faire jouer, examiner les expressions, etc., afin de faire émerger au niveau conscient une signification cryptée par rapport au sens commun.

Il en va de même du *lapsus linguæ*, lorsque la langue trébuche et fait prononcer autre chose que ce qui voulait être verbalisé : le lapsus est souvent révélateur d'une pensée inconsciente plus exacte que la formulation cérébrale prévue.

Étienne Perrot (1922–1996), psychanalyste qui contribua à faire connaître le travail de C.-G. Jung en français, s'intéressa d'abord dans sa jeunesse à la religiosité, à l'ésotérisme, au mysticisme et à l'Alchimie avant de découvrir les livres de Jung qui devaient complètement réorienter sa vie. Il se passionne alors pour le processus jungien d'individuation, les synchronicités et la Langue des Oiseaux en tant que véhicule de l'expression de l'inconscient (individuel ou collectif). Selon sa biographie résumée sur Wikipedia, Perrot voit dans la Langue des Oiseaux et les jeux de sonorités une capacité du rêve d'exprimer de manière parallèle une réalité psychique. Loin d'être un simple jeu de l'esprit, un mot décodé par la Langue des Oiseaux permet au rêveur d'accéder à une réalité autre que celle du conscient. Il ne s'agit donc pas de faire éclater gratuitement et intellectuellement la signification d'un mot (ce qui rendrait inconsistant le langage) mais de faire l'expérience immédiate de l'inconscient, recevant de lui une aide profonde et un sens à la vie.

< *Dans son Cahier 16, en 1981, il note ceci :*

> *Cette synchronicité, ces écoutes extérieures et intérieures, ces doubles lectures, nous les apprenons donc d'abord dans les rêves. Les rêves nous apprennent à décrypter la réalité. Les rêves, c'est bien connu, prennent très souvent des matériaux de la vie diurne, mais c'est pour nous apprendre à les lire autrement. Cette lecture renferme un élément très important, qui est le décryptage des mots suivant des lois qui ne sont pas des lois causales, mais des lois phonétiques, suivant le mode de formation des calembours. C'est ce qu'on appelle "la langue des oiseaux", et c'est cela, d'une façon précise, ce que les alchimistes appelaient "la gaie science".*

Accorder l'importance qui leur revient aux rêves, aux lapsus, aux synchronicités, aux incidents survenant dans notre vie, puis en utilisant les règles de la Langue des Oiseaux pour les décrypter aide souvent à faire émerger sur le plan conscient les solutions aux maux sur lesquels nous ne parvenons pas aisément à mettre des mots.

Et ce n'est pas par hasard. Je prétends que l'expression au moyen de symboles est le langage premier en vigueur dans l'Univers, et que les langages articulés, certes plus efficaces dans le monde matériel, n'en sont que des imitations très imparfaites. Et nos esprits, formatés par ces langages imparfaits, deviennent alors inaptes à percevoir les messages symboliques universels.

Allons *encore* plus loin. Attachée au mode d'expression symbolique, la Langue des Oiseaux se fait véhicule entre le monde des humains et… « autre chose » de plus transcendant, qui touche à la trame de notre univers, au principe créateur. Mercure, messager des dieux de l'Olympe : c'est le même concept (ici personnifié).

« Au commencement était le Verbe ». Ainsi débute l'Évangile selon saint Jean : l'univers créé découle de la Parole. Le son structure le monde matériel. C'est une inversion de paradigme par rapport à la croyance selon laquelle le monde matériel engendre des êtres doués de parole. En adoptant ce paradigme contre-intuitif, on choisit d'accorder la primauté à la Parole, expression d'une volonté créatrice, structurante (dont la Langue des Oiseaux est une conséquence permanente), puis autour de cette architecture orale, uniquement faite de vibrations, s'organise l'expression matérielle des particules qui peuplent l'univers, se combinant et se recombinant pour matérialiser toutes formes et êtres dont nous pouvons prendre conscience.

De ce processus créateur, la culture populaire en garde la trace : les mots et les formules magiques, les prières, les incantations, les chants religieux sont des processus qui utilisent le son pour agir sur l'environnement matériel. Les paroles sacrées ne sont bien sûr pas révélées aux profanes, car réservées aux initiés. Eux seuls peuvent en faire adéquatement usage sans erreur. Tout ceci montre l'intensité de l'enracinement dans notre psychisme collectif de ce principe qui relie les mots aux choses à un niveau bien plus intime que la simple dénomination commode des objets.

Remontons aux origines, tant que faire se peut. Il existe des traces historiques relatives à l'usage de la Langue des Oiseaux. Dans « L'âme des mots, les mots de l'âme », Véronique Lesigne déclare que la mythologie grecque comporte des références à la Langue des Oiseaux. Selon plusieurs légendes pas toujours concordantes, le devin Tirésias fut puni par une déesse qui le rendit aveugle, mais plus tard, par complaisance, elle lui accrut l'ouïe en contrepartie, ce qui lui permit à terme de comprendre les oiseaux. Thalès de Milet, Melampous et Apollonius de Tyane connaissaient et utilisaient également ce langage. Plusieurs d'entre eux, également devins, en fins observateurs de la Nature, comprenaient de façon plus générale les langages des autres animaux également.

Le Coran contient au moins une allusion à la Langue des Oiseaux, dans la sourate XXVII (dite « Les fourmis), verset 15 et 16 :

> *Salomon hérita de David et il dit :*
> *« Ô vous les hommes !*
> *On nous a enseigné la langue des Oiseaux.*
> *Nous avons été comblés de tous les biens*
> *   (toutes les grâces se sont répandues sur nous).*
> *Voilà, vraiment, un bienfait incontestable. »*

Si l'on n'y prend garde, cette information peut passer inaperçue dans cette longue sourate (93 versets) malgré son titre, car noyée dans un contexte décrivant les rapports tumultueux entre peuples du Proche-Orient. Quelques brèves lignes évoquent Salomon rassemblant ses armées (composées de Djinns, d'hommes et... d'oiseaux !) et s'apprêtant à traverser la vallée des fourmis afin de guerroyer au-delà.

Selon le maître cartier Jacques Flornoy, le nom exact ne serait pas « Langue des Oiseaux » mais « Langue des Oisons ». Les oisons sont les descendants de l'oye (orthographe ancienne). L'oie est loi, et nous enjoint d'entendre : ois ! L'ancestral Jeu de l'Oie coderait ce qu'il y a à ouïr. Les Oisons auraient été les « enfants de Maître Jacques » un des mythiques bâtisseurs du temple de Jérusalem, par ordre du roi Salomon.

La cosmogonie égyptienne évoque le dieu Geb, régnant sur la terre et portant sur la tête la représentation d'une oie. Son épouse Nout aurait pondu l'œuf de la création, elle règne sur le Ciel. L'oie représente ce langage primordial intrinsèquement lié au processus de création.

La Langue des Oiseaux constitue-t-elle un art moyenâgeux perdu, désuet ? Certainement pas ! Toutefois, constatons que par son caractère naturellement discret, il est souvent malaisé de discerner sa présence. Elle se cache dans les contrepèteries ou jeux de mots dont François

Rabelais s'était fait le champion, astucieusement dissimulée là où nos instituteurs ne voyaient que les balbutiements de la langue française et (particulièrement dans le cas de cet auteur) via des textes truculents riches en grivoiseries. Elle se dissimule parfois dans des images équivoques, dans les frontispices de certains ouvrages. Elle est très présente en héraldique, lorsque blasons et écus expriment des devises codées. Des édifices parmi les plus récents la véhiculent encore discrètement, grâce à de méticuleux commanditaires, malgré le peu d'entendement pour cette langue de la part des architectes et maçons actuels, tandis qu'elle s'affiche toujours dans les sculptures ornant les colonnes des cathédrales gothiques résistantes aux rénovations anarchiques. Il en reste aussi quelques traces dans l'argot (Art goth ; gothique) nous dit Fulcanelli dans l'introduction de son « Mystère des Cathédrales » :

*Ajoutons enfin que l'*argot *est une des formes dérivées de la* Langue des Oiseaux, *mère et doyenne de toutes les autres, la langue des philosophes et des* diplomates. *C'est elle dont Jésus révèle la connaissance à ses apôtres, en leur envoyant son esprit, l'*Esprit-Saint. *C'est elle qui enseigne le mystère des choses et dévoile les vérités les plus cachées. Les anciens Incas l'appelaient* Langue de cour, *parce qu'elle était familière aux* diplomates, *à qui elle donnait la clef d'une* double science *: la science sacrée et la science profane. Au moyen âge, on la qualifiait de* Gaie science *ou* Gay sçavoir, Langue des dieux, Dive-Bouteille. *La Tradition nous assure que les hommes la parlaient avant l'édification de la* tour de Babel, *cause de sa perversion et, pour le plus grand nombre, de l'oubli total de cet idiome sacré. Aujourd'hui, en dehors de l'argot, nous en retrouvons le caractère dans quelques langues locales telles que le picard, le provençal, etc., et dans le dialecte des gypsies.*

La mythologie veut que le célèbre devin Tirésias ait eu une parfaite connaissance de la Langue des Oiseaux, *que lui aurait enseignée Minerve, déesse de la* Sagesse.

Et dans le chapitre « Paris », il nous fournit un exemple parlant :

> La cathédrale de Paris, ainsi que la plupart des basiliques métropolitaines, est placée sous l'invocation de la benoîte Vierge Marie ou Vierge-Mère. [...] La cathédrale nous apparaît basée sur la science alchimique, investigatrice des transformations de la substance originelle, de la Matière élémentaire (lat. materea, racine mater, mère). Car la Vierge-Mère, dépouillée de son voile symbolique, n'est autre chose que la personnification de la substance primitive dont se servit, pour réaliser ses desseins, le Principe créateur de tout ce qui est.

Selon la foi religieuse, Marie (Notre-Dame) est à la fois vierge et mère. Mère de Jésus, et, par extension, mère des croyants, auxquels s'adresse prioritairement le message des cathédrales. Les chrétiens prient Marie d'intercéder pour eux-mêmes auprès de Jésus son fils : « Priez pour nous, pauvres pécheurs » (ORA PRO NOBIS). Prier et travailler est aussi, nous l'avons vu, le conseil donné aux pratiquants en Alchimie (ORA ET LABORA), lesquels consacrent leur vie autant à l'oratoire qu'au laboratoire, sous peine d'échec. La relation entre la réalisation d'un chef-d'œuvre de pierre qu'est une cathédrale et la réalisation du Grand-Œuvre alchimique est patente. La dédicace à Marie renforce cette corrélation.

MARIE ou MARIA ↔ MARIAGE, MÈRE, MATERNITÉ
MATER ↔ MATIÈRE (MATERIA PRIMA)
VIERGE-MÈRE ↔ MATIÈRE PURE ORIGINELLE

La Materia prima est la matière première que se choisit un aspirant-alchimiste et qu'il va travailler dans le secret de son cœur pour générer, engendrer, faire naître la Pierre Philosophale.

Nous voyons ici comment, dans un contexte particulier mais supposé connu de tous, les mots masquent d'autres mots.

À Marseille, la basilique Notre-Dame-de-la-Garde, surnommée la « Bonne Mère », domine la ville. Elle est surmontée d'une statue de la

Vierge à l'Enfant, dorée, visible de très loin. On raconte qu'elle veille sur les marins et les pêcheurs, leur souhaitant « Bonne mer ». Et par ailleurs, un minuscule jeu de rapprochement d'idées suffit pour associer Sainte Marie à la mer, et je parie que les gitans parlant la langue des *gypsies* en sont conscients lorsqu'ils se rendent en pèlerinage…

Comme nous le voyons, la Langue des Oiseaux n'est pas uniquement un système de codage du langage destiné à mystifier les importuns avides de percer les secrets de l'Alchimie. C'est plus fondamentalement un système d'expression dans lequel différents niveaux de lecture s'imbriquent, fournissant un sens différent selon la perception de chacun, et produisant potentiellement de nouvelles signification lorsqu'elle est parlée plutôt que lue.

En un sens, oui, on pourrait dire que c'est une langue secrète, puisque ceux qui ne se sont pas élevés au niveau de compréhension suffisant se révèlent inaptes à l'entendre pleinement. Et dans l'autre sens, non, ce n'est pas une langue secrète mais un métalangage révélant bien plus que ce qu'on imagine percevoir, conditionnés culturellement que nous sommes !

Dans son ouvrage « La langue des oiseaux – À la recherche du sens perdu des mots », Baudouin Burger s'essaie lui aussi à nous expliquer combien les mots, utilisés astucieusement (et même inconsciemment !), peuvent voiler plusieurs significations :

Le sens des mots varie-t-il au gré de l'histoire et peut-on leur faire dire ce que l'on veut bien ? Une langue ne permet pas n'importe quel arrangement et, d'un autre côté, le sens ne saurait dépendre d'un seul contexte. Nous recevons une langue avec tout son héritage et toute sa capacité opératoire. Nous en recevons le lexique et ses lois. Parce que cette langue est vivante, elle comprend en elle-même les principes de sa transgression, dont cette prodigieuse capacité de jeux, volontaire ou inconscient.

Plus loin, il ajoute encore ceci :

La langue des oiseaux permet d'interroger les concepts et les valeurs qui gouvernent nos vies. En s'arrêtant sur les mots qui sous-tendent les idées, elle provoque notre réflexion et conteste ainsi les discours officiels pour leur faire perdre leur caractère d'évidence. À la fois une technique et un contenu, cette ancienne forme de parole, utilisée au Moyen Âge par les mystiques et les alchimistes, vise à dévoiler un message plus universel, donc plus vrai, que celui de nos idéologies contingentes. Au contraire du discours linéaire avec des mots employés dans leur vrai sens, la langue des oiseaux privilégie au contraire le jeu de mots, le recours à l'étymologie et la reconnaissance du sens littéral dans les expressions dites imagées. Celles-ci contiennent, pour beaucoup d'entre elles, une sagesse issue du fin fond des âges, ce qui explique encore aujourd'hui leur emploi spontané. La langue des oiseaux, c'est un voyage à travers le sens des mots, qu'il soit évident ou caché. C'est l'ouverture du sens qui se veut un prélude à l'ouverture de l'esprit. C'est une parole aérienne qui s'oppose à une langue terre-à-terre. C'est une langue d'images qui dépeignent une réalité subtile. La langue des oiseaux est un délice pour l'esprit et pour l'âme.

Et en quatrième de couverture, cette intéressante synthèse :

La langue des oiseaux, c'est la langue des anciens alchimistes qui l'employaient afin d'exprimer un propos transgressif sans se faire emprisonner ou tuer. Avec leur utilisation des jeux de mots, des rébus, des expressions populaires, leur emploi des mots dans leur sens étymologique ou leur invention de néologismes, ils s'écartaient à la fois de la norme linguistique et de l'idéologie de ceux qui l'imposaient. Ils montraient un nouveau sens, une nouvelle façon de comprendre la réalité. La langue des oiseaux est la langue de la liberté de parole, la langue de l'ouverture d'esprit, la langue d'un ancien dépôt de sagesse. C'est, dans les deux sens du terme, une langue spirituelle.

Pour une meilleure compréhension de la manière dont cette langue sacrée joue sur les sonorités, les étymologies subtiles et les graphies, voici quelques exemples choisis en français actuel montrant que le procédé reste toujours valide malgré les évolutions du langage.

▶ Maladie : « Mal a dit », c'est le dit du mal, la façon dont s'exprime un mal-être. La guérison peut s'opérer par une autre parole, un « bien dit » d'essence divine : la bien dite béné+diction ! Je vous ai choisi cet exemple particulier pour sa corrélation avec ce qui fut expliqué plus avant concernant les aspects thérapeutiques pouvant découler de la traduction des rêves, des lapsus, des synchronicités par l'entremise de la Langue des Oiseaux. Toutefois, le côté médical n'est qu'une application particulière de ce mode d'expression symbolique et allégorique car, plus globalement, la Langue des Oiseaux est susceptible de s'appliquer à tous les domaines, et non pas seulement aux problèmes.

▶ Tumeur : « tu meurs » est un cri d'alarme d'un organisme ayant atteint un stade critique. Étymologiquement, ce mot dérivé du latin *tumor* n'a nullement la signification morbide actuelle puisqu'il désignait un gonflement, une protubérance, une enflure, ou – au sens figuré – un trouble de l'âme (colère, indignation, orgueil). Ce dernier pouvant, aux dires de médecins holistiques, être la cause non apparente de la susdite tumeur. De son côté, l'expression « tu meurs » s'écrirait *moreris* (ou *morere*) en latin. Aucun rapport avec *tumor* ! Ce n'est qu'en français d'aujourd'hui que les deux vocables se font écho.

▶ Apprentissage : apprends tissage, ou apprenti Sage ? À moins qu'on évoque un âpre anti-sage, à fuir ?

▶ Jeu : « je ». Le ludisme reflète la personnalité. Pour connaître une personne, observez comment elle joue. Populairement, Platon se voit attribuer cette citation :

> *On peut en savoir plus sur quelqu'un en une heure de jeu qu'en une année de conversation.*

Ce ne sont là qu'exemples simplistes portant sur quelques mots usuels. Imaginez la richesse de codage lorsque plusieurs mots sont combinés ! Combinaisons auxquelles peuvent encore s'ajouter les approximations, les significations désuètes ou relatives à certains domaines professionnels. « L'étau se resserre » a un sens concret pour un ajusteur devant limer un objet métallique, et un sens figuré pour des policiers cernant un fugitif. Quant au financier et au statisticien, ils entendront plutôt « Les taux se resserrent » et comprendront qu'une marge de rapport diminue...

Manifestation sectorielle :

Confrontés aux CRS, les enseignants revinrent en saignant.

Astrophysique :

Les découvreurs des trous noirs les trouvèrent troublants.

Optique et ophtalmologie :

Lu net avec lunettes.

Outil retrouvé :

Ah ! Mon petit ami
a mon petit tamis !

Gag ressemblant à une définition pour mots croisés de force 3 :

Vaporetto : car naval de Venise.

De fait, les cruciverbistes aiment se triturer le ciboulot pour décrypter les significations occultes proposées par les auteurs de grilles de mots croisés. En conséquence, sans trop s'en rendre compte, par petites touches répétitives et en prenant plaisir à relever de tels défis, ils configurent leur esprit à devenir réceptifs aux codages similaires à ceux usités en Langue des Oiseaux. Il en va de même des amateurs de Scrabble, très habiles à faire virevolter sur leur réglette les lettres obtenues aléatoirement afin de construire des mots prenant sens (avec, comme incitant, la recherche du meilleur score possible).

Le jeu des prénoms, popularisé par la pièce burlesque « Le Noir te va si bien » (avec Maria Pacôme et Jean Le Poulain), consiste à deviner un prénom à accoler logiquement à un patronyme proposé. Exemple : M. et Mme Micotton ont une fille ; quel est son prénom ? Mylène, bien entendu, par allusion aux tissus mi-laine, mi-coton. Fernand Reynaud évoquait Jean Trancène, un acteur, bien sûr. Des myriades de pareilles devinettes existent, les prénoms les plus courts se prêtant le plus facilement au jeu, tels Marc Hassin, Luc Sambourt, Paul Hisson, Odette Dejeult, Élie Minet, Anna Namur, Hans Tanla, Martin Galle, Blanche Defroy, l'anglais John Deuffe ou l'irlandaise Ann O'Neem. Sans oublier les trois frères Terrieur : Alain, Alex, Maria-Jules. Micheline de Saint-Cœurvain est bien connue à la SNCF. Même une apparemment anodine liste de membres peut dissimuler toute une historiette :

> Alonzo Sinoche, Ilya d'Évieu-Komik, Anouar Hebblan.
> Yvon Tallé-Rappié.
> Aimé Selleur, Ilse Fettar, Lison Paltan.
> Ilsa Müss, Henri Goland, Sarah Lenty.
> Sam Agass, Aimée Nerve.
> Omer Dallaure, Jean Némart, J. V. Zamotto.
> Ella Dunaire, Elvire Treccourt, Eva Vitt.
> Nathan Noudon d'Ystil.
> Raquel Bandenaz, Gérard Manvussat.
> Aimé Sepparty, Adémar Anthrombe.
> Céline Droitte, Jacques Sellaire, Raoul Haffont-Laquaice,
> Alphonse Assandice, Philippe Hairvite,
> É. J. A. Rivatan, Juste Halleur.

Dans le même registre, Achille Talon (personnage de BD dessiné par Greg) nous avait amusés avec l'étang Sondur, l'appeau d'Éphèse, ou Vincent Poursan. Associer plusieurs prénoms produit des phrases riches, porteuses de sens, comme cette séquence nordique : Eva, Ode, Anne, Marc, Samson, Gilles et Ella Froy (Elle va au Danemark sans son gilet, elle a froid). Ou cette autre, inspirée par Tino Rossi : Betty, Baba, Noëlle, Candide et Sandra Dussiel. Ou cette suite amusante « Francis, Vincent, Émile » à inverser syllabe par syllabe (ce n'est donc pas exactement un palindrome) donnant « Mille et cent-vingt-six francs ». Les auteurs d'ouvrages alchimiques ne sont pas en reste, soucieux de préserver leur anonymat tout en marquant leur attachement à la Noble Quête, signant Jean Deleuvre (Gens de l'Œuvre), Nelly Foulcat (Fulcanelli), Pierre Deleuvre (Pierre issue du Grand-Œuvre). Ceux-ci sont évidents. D'autres le sont moins, tels Fulcanelli (contraction déformée de Vulcain + Hélios), Basile Valentin (du grec ancien Βασιλεύς signifiant roi, et de l'adjectif latin *valens* signifiant puissant, fort, vigoureux, se portant bien, mais se référant aussi à Valens, un personnage qui fut, selon Ciceron, père d'un... Mercure !). Même allusion subtile dans le nom de Nicolas Flamel : le prénom Nicolas combine les mots grecs *niké* (νίκη,victoire) et *laon* (λαών, peuple), tandis que le nom se réfère aux flammes et au feu. Quant au pseudonyme de l'alchimiste presque belge Filostène, lorsqu'on sait que le mot flamand « steen » signifie « pierre », on comprend aisément qu'il est l'ami (philo-) de la Pierre.

Tout jeu de mots a un rapport naturel à la Langue des Oiseaux. Les corrélations que notre cerveau établit tiennent de son mode de fonctionnement basique : les concepts ressemblants (pour quelque raison que ce soit : signification, homophonie, image, étymologie, toponymie, verlan...) se relient comme les synapses relient les neurones. Et ce réseau est plastique, adaptatif, évolutif.

En ce qui concerne les textes d'une autre époque, le décodage devient plus difficile puisque le contexte de référence a évolué.

Voici un cas concret rapporté par Véronique Lesigne, déjà citée plus haut, explorant le mot *tarot*. Dans le Jeu (Je) de Tarot, la Langue des Oiseaux relève l'homophone *taraud,* mot datant du XVIème siècle désignant « un outil à main servant à faire des pas de vis » (définition signalée par Patrick Labbé, fin connaisseur et praticien du Tarot et de la Langue des Oiseaux). Or, le Tarot est bel et bien un « outil à main » servant à faire évoluer l'individu vers un état exempt de vice (« pas de vices »). Pour ce faire, il convient de déceler les « secrets dans les dessins » (ce qui se crée dans les desseins). Rappelons-le, les lames du Tarot sont des *dessins*, au même titre que les hiéroglyphes ou les lettres de nos alphabets. Dessins évocateurs d'une réalité, même si les caractères alphabétiques en usage de nos jours ont fini par diverger fortement des symboles originels. Dommage, car comme l'écrivait

Roger Caro dans sa « Traduction Alchimique du Siphra di Tzeniutha de Moïse » :

> *Le jour où le Philosophe aura saisi la correspondance qui unit « l'image des lettres » à la « réalisation pratique de l'Oeuvre », alors sera accomplie la parole de Luc (XII, 2) : « Car il n'y a rien de caché qui ne doive être découvert, rien de secret qui ne doive être révélé ». Ce jour-là, le Siphra ne paraîtra plus un assemblage d'élucubrations.*

Tout nous incite à nous replonger dans les racines originelles du savoir si nous voulons décoder les messages que tente de nous transmettre l'Intelligence sous-tendant la Nature.

La définition actuelle du verbe *tarauder* a une connotation encore plus évidemment alchimique si nous glissons du sens premier vers un second degré : « Creuser, percer (une matière dure) pour y pratiquer un pas de vis ». N'est-ce pas là une invitation à visiter l'intérieur de la matière ? Et il existe aussi un sens figuré : « Constituer pour quelqu'un une cause de souffrance morale, de tourment obsessionnel ». Auriez-vous imaginé que cet ancestral ensemble de cartes puisse tarauder ?

Prenons encore en exemple cette chansonnette du XVIIIème siècle prétendument destinée aux enfants : Au clair de la Lune. Ce texte ayant déjà fait l'objet de divers décodages par maints auteurs, point n'est nécessaire de développer tout un chapitre sur ce poème ; quelques commentaires suffiront.

Au clair de la lune,
Prête-moi ta plume
Ma chandelle est morte,
Ouvre-moi ta porte,

Au clair de la lune
« Je n'ai pas de plume,
Va chez la voisine,
Car dans sa cuisine

Mon ami Pierrot,
Pour écrire un mot.
Je n'ai plus de feu,
Pour l'amour de Dieu.

Pierrot répondit :
Je suis dans mon lit.
Je crois qu'elle y est,
On bat le briquet. »

> *Au clair de la lune*
> *Frappe chez la brune,*
> *Qui frappe de la sorte?*
> *Ouvrez-moi la porte,*
>
> *Au clair de la lune,*
> *On chercha la plume,*
> *En cherchant d'la sorte*
> *Mais j'sais que la porte*
>
> *L'aimable lubin*
> *Elle répond soudain,*
> *Il dit à son tour :*
> *Pour l'amour de Dieu.*
>
> *On n'y voit qu'un peu :*
> *On chercha le feu.*
> *Je n'sais c'qu'on trouva,*
> *Sur eux se ferma.*

Explorons d'abord le vocabulaire, parfois vieilli.

▶ Battre le briquet : autrefois, pour obtenir du feu, il fallait produire des étincelles en frappant une « pierre à briquet » (silex). Mais l'expression avait aussi d'autres significations bien connues alors :
- faire la cour à une demoiselle (pour « enflammer son cœur »),
- copuler (conséquence directe de la signification précédente),
- se cogner les genoux en marchant (par dérision : démarche susceptible de produire des étincelles).

▶ Lubin (parfois écrit *lupin*) : selon le folklore, c'est un lycanthrope (loup-garou, humain se métamorphosant en loup la nuit, selon la Lune), mais certains folkloristes rapprochent les lupins des lutins. Autre signification, hautement plausible ici : un lupin est un moine dépravé.

▶ Plume : déformation possible de *lume* (lumière), effectivement nécessaire pour écrire un mot lorsqu'il fait nuit. Cette version serait mieux en concordance avec le fait d'être dans son lit, bougies éteintes.

Ces quelques explications suffisent à exposer une lubricité sous-entendue. L'apparemment anodine chanson « Au clair de la Lune » dissimule en fait une chanson paillarde. Celui qui s'adresse à Pierrot serait donc un « aimable » (en recherche d'amour) lupin (clerc dévoyé) venant de nuit visiter son « ami » Pierrot, lequel, dépourvu de Viagra (sa chandelle est morte) l'envoie chez la brune voisine allumeuse. Celle-ci l'accueille « pour l'amour de Dieu », et la porte se referme sur eux.

Un deuxième décodage, utilisant la Langue des Oiseaux, a permis à certains auteurs de libérer un sens plus ésotérique :

Haut clerc de la lune, Mon ami pie héraut,
Prête mots à ta plume. Pour écrire un mot :
Mâche chant d'ailes, et mots heurte. Jeu n'est plus defeü,
Ouvre mots à ta porte. Pour l'âme, hourde d'yeux.

« Haut clerc de la lune » s'adresse à un messager (clerc, dans le sens d'un employé lettré, tel un clerc de notaire) de la Lune (lumière dans l'obscurité de la nuit). Celui-ci est « Mon ami pie héraut » : ledit clerc, émissaire connu et ami, est à la fois pie et héraut, oiseau (parlant dans sa Langue) au plumage noir et blanc comme la représentation de l'intrication du Yin et du Yang ; bien que la pie n'ait pas de mœurs nocturnes, elle a ici à la fois un aspect diurne, officiel, au grand jour, et un autre dissimulé dans l'obscurité, occulte. Est-elle le héraut (officier chargé de transmettre des messages et les proclamations officielles) missionné par une société secrète ? Pour Chantal et moi, les mésanges ont été messagères d'un message précis, certes, mais c'était là un cas très particulier. Plus généralement, l'oiseau est symbole de liberté, d'évasion, de migration ; son irruption offre une occasion libératoire vers les espaces élevés. Plus spécifiquement, la pie construit son nid très haut, au plus près du Ciel. « Prête mots à ta plume » incite à une vocalisation de l'écrit, et « Mâche chant d'ailes, et mots heurte » suggère de briser les mots, d'en faire ressortir le sens phonétique selon la technique de la Langue des Oiseaux. « Jeu n'est plus defeü » : en ancien français, l'adjectif *defeü* signifie *misérable*, donc, par le jeu de l'oye, le texte phonétisé n'est plus misérable et prend toute sa signification flamboyante. « Ouvre mots à ta porte » invite à laisser pénétrer en soi les mots qui se présentent avec leur nouveau sens « Pour l'âme, hourde d'yeux ». Ce message en Langue des Oiseaux s'adresse donc à l'âme et non plus à l'intellect. L'oral transcende l'écrit. Quant à l'ancien verbe *hourder,* il signifie, fortifier, palissader, (se) retrancher et au figuré, encombrer ; les yeux nous trompent sur la réalité ultime, encombrant l'âme…

Encore moins abordable au commun des mortels, puisque compréhensible seulement par les rares initiés à l'Art sacré, un troisième décodage laisse entrevoir la prière d'exaltation d'un alchimiste ayant vu aboutir sa quête philosophale :

Eau claire de la Lune, mon âme mit Pierre haut ;
Prêtre, moi, tapis lume pour recreants maux,
Mage en elle est mort et je n'ai plus de feu
Ouvree moi t'apporte pour l'amour de Dieu.

Les alchimistes évoquent souvent cette « eau qui ne mouille pas les mains », un "fluide" immatériel s'écoulant comme une eau et associé à la rosée se déposant au matin après une nuit claire. Ce n'est pas la rosée en elle-même qu'ils souhaitent recueillir, mais l'énergie particulière dont ces fines gouttelettes se sont chargées par contact avec ce qu'ils nomment l'éther, et qui se déposent au matin par condensation lors du changement de température. Cette eau, nous la voyons représentée sur la lame majeure du Tarot couramment numérotée XVIII : La Lune. En Alchimie, la Lune est généralement associée à l'Eau, l'un des quatre éléments, ce qui est souligné par la présence d'une écrevisse et de deux canidés léchant les gouttelettes qui montent vers la Lune (ou en descendent). L'allusion à la rosée est fréquente dans les écrits alchimiques qui la décrivent comme véhicule de l'énergie céleste à condenser lors de la préparation du Grand-Œuvre pour en 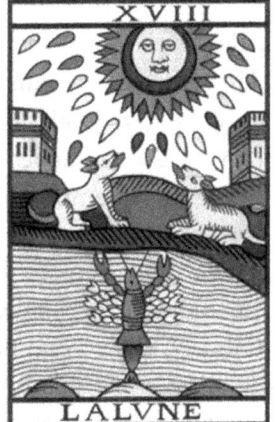 faire un dissolvant. Cette énergie est aussi Lumière (à la fois physique et spirituelle), et l'eau claire de la Lune est plus abondamment dispensée au clair de lune. C'est donc initialement grâce à elle que « mon âme mit Pierre haut » : la pierre vile a été élevée au plus haut niveau de sa perfection (l'or) par le travail alchimique, lequel s'effectua au moins autant au niveau de l'âme du laborant qu'à celui d'un fourneau. Souvenez-vous de la devise ORA ET LABORA présentée au Chapitre 5. Par la transmutation de son âme et de sa pierre, l'aspirant-alchimiste est devenu Adepte et prêtre, car intermédiaire entre le monde matériel et le monde divin, d'où la revendication « Prêtre, moi ». Le verbe *tapir* a eu jadis le sens de cacher, enfermer, ce qui résume bien le travail alchimique d'incrustation de la Lumière dans la Pierre (j'ai tapis lume, clame-t-il). L'adjectif *recreant* avait plusieurs significations, dont l'une était *mauvais*. Les mauvais maux ne sont-ils pas supposés être annihilés par la vertu de la Pierre philosophale, elle qui guérit toute maladie et prodigue longue vie ? Le mage, celui qu'on disait fou (Le Mat, *mad*, lame proclamant « Je ne suis pas un numéro ! »), décrété asocial parce que différent, avait débuté sa quête par attrait pour le merveilleux, la magie, le désir de puissance, lorsqu'il fut initialement subjugué naïvement par le Bateleur (première lame du Tarot), tout à l'origine de son parcours initiatique, ce mage-là est mort. La dissolution (SOLVE) des illusions vaniteuses trompeuses (le bas te leurre) a permis la reconstruction (COAGULA) d'un être tourné vers le haut, dimension céleste où la Vérité dissipe tout leurre. Ayant éteint son fourneau désormais inutile puisqu'il a compris, intégré, la signification spirituelle de la démarche alchimique, il peut proclamer : « je n'ai plus de feu ». *Ouvree* est un ancien mot pour *ouvrage*, *œuvre*, d'où ce cadeau qu'il t'apporte par amour de Dieu.

Etc, etc. Ceci ne sont qu'approches exemplatives de ce à quoi peut conduire une tentative de décodage d'un texte par application de techniques empruntées à la Langue des Oiseaux, rien de plus, car en fait, j'ignore ce que l'auteur de « Au clair de la Lune » a eu l'intention de dissimuler dans ce texte ancien vu que je ne suis ni devin, ni voyageur temporel, ni initié, ni spécialiste en ancien français. Les exercices ci-avant se veulent didactiques, sans prétention aucune. Il n'y a donc pas lieu de prendre ces essais de décodage pour argent comptant !

Par ailleurs, si vous aimez vous exercer à décoder des jargons spécifiques à certains milieux, vous pouvez vous attaquer au codage informatique (obscur par nécessité technique) ou au langage des adolescents, mais abandonnez tout espoir d'y trouver des révélations métaphysiques transcendantales…

*

Puisqu'elle tire son essence du divin, et qu'elle fut dès l'origine du Cosmos, la Langue des Oiseaux peut nous aider à décrypter bien des secrets de la Nature. Ainsi, avez-vous observé à quel point l'intérieur d'une noix (de noyer commun[1]) ressemble bigrement à un cerveau humain en miniature ? On y distingue deux hémisphères logés dans une coque aussi dure que notre boîte crânienne et reliés entre eux par une commissure équivalant au corps calleux. Savez-vous que cette noix (en

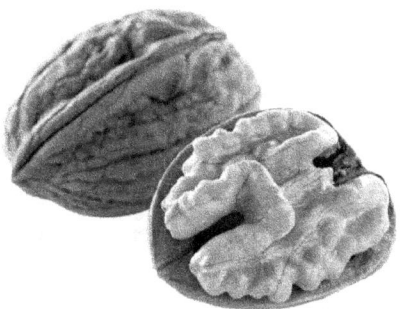

particulier son huile) possède de nombreuses vertus médicinales allant de l'effet laxatif à l'antiparasitisme, ou de l'anti-anémie à la réduction du taux de triglycérides ? Elle contient aussi des acides gras et des oligoéléments, dont le zinc. Son action, tant sur les vaisseaux sanguins que sur le système nerveux, se traduit notamment par l'abaissement du risque d'AVC, la prévention de l'artériosclérose, la protection des cellules cérébrales et des troubles cognitifs en général dont, en particulier, la diminution du risque de survenance de la maladie d'Alzheimer. Tous ces troubles affectent le fonctionnement correct du cerveau. La noix aide aussi à stimuler la mémoire (si je m'en souviens bien !)...

En Langue des Oiseaux, la même ressemblance s'observe :

Cerveau ↔ Cerneau

---

[1] Je précise l'espèce (Juglans regia L.) afin d'éviter toute méprise en confondant avec d'autres variétés dont les fruits peuvent prendre des aspects très différents : noix de cajou, noix d'Amazonie, noix de coco, etc.

<   *Et quoi ? Déjà fini ?*
Et les blasons ?
Ne dit-on rien au sujet du codage de la Langue des Oiseaux dans les blasons ?

– Pourquoi pas ? Puisque tu insistes… Bien que ce soit moins mon domaine que le tien…

Les blasons, donc. Avant tout, précisons que l'art de jongler astucieusement avec les mots de manière à éveiller la conscience à percevoir des significations alternatives est techniquement différent dans les blasons par rapport à ce que nous avons partagé précédemment au sujet de la Langue des Oiseaux. L'héraldique est une discipline assez strictement balisée par des règles séculaires intangibles, au moins en ce qui concerne les partitions du blason, les couleurs, les meubles principaux (ornements stylisés). Après quoi, au niveau des détails, une certaine fantaisie est permise, et c'est là que peuvent plus aisément prendre place les jeux de mots, les interprétations à double sens, les significations cachées, les messages à clefs et le symbolisme.

Certes, en ancien français, un blason est un bouclier. Mais avant d'être un objet, le blason est une description. C'est un ensemble d'éléments de langage, souvent répartis sur un écu (tel notre ami Harold), parfois ornant aussi bannières, armures ou surcots. Selon le Père Claude-François Ménestrier (1631 – 1705) :

> *Armoirie est la devise que l'on porte sur le bouclier ou la cotte d'armes, et blason en est le déchiffrement ou la description.*

Essentiellement symbolique, cette langue n'est pas constituée de lettres s'accolant pour former des mots, ni même d'ensembles complexes de traits tels ceux traçant les idéogrammes des langues d'Asie de l'est (les sinogrammes existent par milliers !), mais plutôt de dessins évocateurs, un peu comme dans le cas des hiéroglyphes égyptiens ou des amusants rébus. Dessins dont, de plus, la teinte ou la position peuvent nuancer la lecture. Et cette langue emprunte largement au symbolisme. En conséquence, pour bien la pratiquer, il faut en maîtriser la grammaire, et c'est pourquoi « blason » est parfois synonyme de « grimoire »[1] : un langage à décrypter.

Ce n'est pas simple ! La difficulté liée à ce décodage provient en général de notre méconnaissance de l'ancien français. Le langage médiéval s'avère bien plus différent du nôtre qu'on le pense généralement, trompés que nous sommes par les films retraçant l'une ou l'autre aventure située Moyen Âge, dans lesquels sont saupoudrés quelques authentiques mots anciens encore compréhensibles aujourd'hui, nous faisant oublier que la langue parlée (ou doublée) par les acteurs n'est rien d'autre que du français actuel, afin de rendre le récit plus confortable pour les spectateurs. Néanmoins, comme pour toute langue, l'apprentissage du blason nécessite l'étude de son alphabet, de son vocabulaire, de ses règles syntaxiques, et même parfois de ses idiomes !

Le langage des blasons se comprend grâce à la grammaire de la Langue des Oiseaux... telle qu'on la pratiquait à l'époque de la confection desdits blasons ! Donc, malheureusement pour nous, sans une pratique usuelle du langage parlé en ces temps-là et des expressions et tournures populaires d'alors, toute tentative de décodage ne pourra que rencontrer d'énormes écueils. *A contrario*, cet effort ouvre à la perception de tout un pan de savoir, parfois secret, souvent oublié, mais toujours profond. A condition de dépasser le simplisme des lexiques élémentaires populairement plébiscités sur Internet pour accéder à la véritable Noble Science.

Là n'est pourtant pas l'objet du présent ouvrage : au départ d'épisodes biographiques ornithologiques authentiques, nous nous sommes trouvés contraints à explorer la Langue des Oiseaux puis, par extension au Blason, mais il serait ici inopportun de développer inconsidérément ce sujet. Survolons-le seulement.

Le mot « blason » pourrait trouver son origine dans une « poésie »

---

[1] Notez la similitude phonétique entre « grammaire » et « grimoire ». Or, à l'époque médiévale, les prononciations de ces deux mots différaient beaucoup moins l'une de l'autre qu'aujourd'hui.

coquine ou subversive, écrite en vers octosyllabiques se terminant par des rimes en L : des ritournelles pour belles demoiselles sous la coupelle de quelques maquerelles... Ces poèmes grivois sont attribués aux Gouliards[1]. Cette pratique dissimulatrice s'accompagnait du mot d'ordre de « *bé L assonner* » (bien assoner les rimes en L) lequel, par contraction, aurait donné « blasonner ». Comme nous le verrons un peu plus loin, les auteurs divergent fortement quant à l'origine de ce mot « blason ».

Le blason étant le langage et l'écu son support, notre compagnon de lecture devrait logiquement s'appeler Harold-l'Écu, mais c'est lui-même qui, redoutant une polissonne interprétation rabelaisienne peu flatteuse *a posteriori*, a insisté pour se faire dénommer Harold-le-Blason. Ce qui n'a finalement rien d'abusif puisqu'il est un écu blasonnant, exprimant graphiquement un contexte. Or, comme vous l'avez constaté, lorsqu'il s'agit de s'exprimer, Harold s'exprime ! Ô combien !

Un des auteurs ayant le plus exploré la présence de la Langue des Oiseaux dans l'art du blason fut manifestement Claude Sosthène Grasset d'Orcet (1828 – 1900), archéologue, épigraphe, grand voyageur, également considéré comme fondateur de la mythologie française.

< *Ah ! Un de mes auteurs préférés !*
Dans les « Œuvres décryptées »
(Tome I), au chapitre intitulé
« Le songe de Poliphile » (traduit
et annoté par M. Claudius Popelin)
il donne son avis sur l'étymologie :

[... rappelons] la règle à l'aide de laquelle on peut lire cette écriture hiéroglyphique, que nos pères appelaient

---

1 Gouliards (ou Goliards) : membres d'une association secrète dont on trouve trace sur plusieurs siècles à partir du onzième, et dont l'histoire, mouvante selon le contexte, sort du cadre de notre récit. Leur poésie déroutante était farcie de codes destinés à contrer la censure, principalement ecclésiastique.

> blason *ou* grimoire. *Le mot* blason *n'a certainement rien à faire avec l'allemand* blasen[1] *(sonner du cor) ; comme* grimoire, *il vient du grec. Les tailleurs de pierre ont pour patron saint Blaise, dont le nom en grec veut dire* bléser, *c'est-à-dire parler comme les Auvergnats, en* chuintant *les gutturales. Blasonner, c'est donc parler comme saint Blaise, ou* bléser *; c'est à peu près l'unique règle particulière à cette langue, vraisemblablement empruntée au dialecte picard, lequel* chuinte *énormément [...]. Telle est la langue du blason, et, si on ne la trouve pas harmonieuse, il faut se rappeler qu'elle n'était faite que pour les yeux et non l'oreille.*

Ainsi donc, le blason serait plus orienté vers l'écriture que vers la vocalisation. Cet avis n'est pas partagé par tous. Eugène Canseliet propose une autre étymologie et évoque une « cabale phonétique » dans « Deux logis alchimiques ».

Oui. Chapitre I « La villa Palombara » > sous-chapitre « Sagesse et noblesse » :

> *Le blason de la noblesse d'extraction n'a pas d'autre source, ni ne parle un autre langage, que celui de la science hermétique et de la cabale phonétique, en leur expression la plus pure. Comme dans l'iconographie et les textes symboliques, la Philosophie inscrit ses arcanes dans l'art héraldique, qui est muet en apparence, ainsi que le révèle l'étymologie du terme, le plus souvent déclarée inconnue ; Blason dérive de βλαισός, blaisos : bègue, qui ne parle pas nettement, et met tout de suite en garde contre la difficulté qu'on éprouvera à bien l'entendre.*
> *Ce langage est aussi celui de la dive bouteille de François Rabelais qui ne manque pas, au reste, de nous prémunir contre toute interprétation d'ignorance [...]*

Les choses ne sont donc pas simples. Ni au niveau de l'origine du mot blason (les opinions divergent), ni au niveau de l'art de blasonner,

---

[1] J'ai reproduit ici scrupuleusement le texte de Grasset d'Orcet. Toutefois, le verbe allemand *blasen* signifie d'abord *souffler*. Par extension, il signifie secondairement souffler dans un instrument à vent ; jouer de la flûte ou (*bla*)sonner du cor. Ce qui n'est pas sans rapport allégorique avec le souffle divin, l'inspiration, l'intuition nécessaire à la constitution puis au décryptage du blason.

car malgré les règles strictement codifiées, l'usage de certains meubles – c'est-à-dire les ornements disposés sur les écus, étendards, oriflammes ou gonfalons – induisent des significations symboliques pouvant varier selon les régions et les époques (hormis certains incontournables) et selon les auteurs, aussi érudits soient-ils. En tant qu'Alchimiste, Canseliet repère surtout deux de ces meubles se rapportant à son art de prédilection : le Dragon[1] symbolisant la matière écailleuse et noire choisie en début du Grand-Œuvre, et le Lion[2] symbolisant l'esprit igné destiné à pénétrer la susdite matière pour la travailler de l'intérieur. Meubles auxquels je me permets d'ajouter la Rose[3], symbole de la réussite du Grand-Œuvre et de l'accession au stade de l'Adeptat[4].

C'est toujours dans le même ouvrage, et le même chapitre, qu'Eugène Canseliet met l'accent sur cet aspect – qu'il juge capital – et nous en instruit par ces mots :

> *L'héraldique fait partie intégrante de l'alchimie dont elle est l'expression à la fois initiale et hiéroglyphique. Elle est la science du héraut, tel que celui-ci fut dépeint par Fulcanelli, en son livre des* Demeures Philosophales*.[...]*
>
> *En effet, l'héraldique relève de cette langue dont les grands initiés voulurent, qu'elle fût celle des oiseaux et, conséquemment, de la « gaye science ou gay sçavoir ». Nous avons agité cette grave question au chapitre sixième de notre* Alchimie expliquée sur ses textes classiques, *qui peut être, pour nous, comme le* testamentum propre aux artistes du Moyen Âge latin. *Avec ce que nous y avons développé, ceci n'est point sans grand rapport, que les nobles eussent nourri le mépris le plus absolu pour l'orthographe, au bénéfice total de la phonétique.*

---

1 Imaginez les fanions liés à l'épopée arthurienne et la lignée Pendragon.
2 Pensez à Richard Ier, roi d'Angleterre, surnommé Cœur-de-Lion.
3 Rose rouge pour la famille Lancastre, blanche pour la maison d'York, lors de la Guerre des Deux-Roses (1455-1485) pour la succession au trône d'Angleterre.
4 Adepte : E. Canseliet réserve ce titre à l'Alchimiste ayant accompli le Grand-Œuvre.

Le Blason est donc une langue destinée à la lecture, tantôt *in petto* lorsqu'il s'agit de transmettre un savoir par-delà les ans, tantôt à haute voix lorsqu'il s'agit de décoder ce qu'il y a lieu d'entendre.

Quant à la manière d'aborder cette langue transcrite sur un écu blasonnant, c'est à nouveau Grasset d'Orcet qui nous indique :

> *Elle se lit indifféremment par la droite et par la gauche, et toujours de bas en haut, lorsque le sujet est un peu compliqué ;* ad libitum *dans les blasons très simples. Le sens est indiqué par la direction des figures [...]. Quant aux voyelles, on n'en tient jamais compte, ce qui assimile complètement cette écriture à celle des peuples sémites. Mais il existe d'innombrables épigraphes grecques et étrusques qui prouvent que les Hellènes l'avaient conservée avec les rébus à titre d'écriture secrète, et Platon nous apprend que cette manière de déguiser sa pensée se nommait* langue des dieux.

Gérard de Sorval, autre auteur spécialisé dans l'héraldique, aborde quant à lui le Blason sous un autre angle : l'esthétique.

> *[...] c'est l'esthétique du blason qui introduit le mieux à la compréhension de son éthique et de sa métaphysique. Avant d'être porteur d'une sagesse, le blason parle d'abord par sa beauté.*
> Le langage secret du blason (Éd. Albin Michel, 1981)

Et de se lamenter sur les dérives des blasonouilleurs de plus en plus incompétents au fil des siècles « alliant la prétention au mauvais goût dans leurs créations approximatives où l'allégorie lourde remplace l'envol du symbole, et où l'art héroïque est réduit à un art décoratif, d'ailleurs peu élégant ».

En résumé, l'intellectualisme remplace l'émotion, transformant la langue pleine de vie qu'est le Blason en un patois pathétiquement sclérosé dont les meubles, trop précis, trop descriptifs, ne laissent plus place au lyrisme nécessaire au contact harmonieux avec l'âme et l'intuition. Ainsi donc, l'Héraldique souffrirait du même mal (la dégénérescence) que l'Alchimie, aujourd'hui tout autant galvaudée et méconnue. Âme et cœur sont supplantés par le cerveau, et pourquoi pas bientôt par un ordinateur ? Voire par une "intelligence artificielle" connectée à un réseau sous contrôle d'on ne sait trop quelle puissance avide de profit ? Quelle horreur qu'imaginer le pôle cérébral éclipser le pôle de cœur !

D'ailleurs, à bien y regarder, l'écu a globalement la forme d'un cœur stylisé. C'est tout dire, car au Moyen Âge, le blason n'était octroyé qu'aux êtres valeureux ayant prouvé par leurs actes leur attachement à la noblesse d'âme et aux règles chevaleresques en découlant. Le droit de porter un écu orné de ses propres couleurs n'était accordé qu'aux braves ayant accompli une tâche héroïque, non seulement sur le plan physique, mais aussi sur un plan psychologique, psychique, et spirituel : cette quête initiatique ne peut être envisagée autrement que comme un long cheminement visant au plein accomplissement de l'homme, à sa victoire sur la peur (incluant celle de la mort), sur son dragon, sur ses ténèbres intérieures, accédant en bout de course à la pleine maturité. Ce noble état atteint, le Chevalier se voit autorisé à blasonner son écu, non pas en le composant selon sa fantaisie, mais en respectant les règles de « l'Art Royal », puis en le faisant légitimer par une autorité apte à reconnaître la qualité véritable de son porteur.

Dans son ouvrage « Le langage secret du blason », Gérard de Sorval insiste sur le caractère pratiquement sacré du blason ainsi composé, qu'il s'agit de ne pas prendre à la légère :

> *[...] qu'il soit hérité du Père (ou de la Mère), qu'il soit accordé par un Parrain ou confié par une Dame, ou qu'il soit octroyé par le suzerain ou le souverain, ou encore qu'il accompagne le service d'une terre de dignité, le blason authentique est toujours une charge que l'on reçoit et que l'on assume.*
>
> *À travers les différentes médiations, charnelles ou symboliques, conférant le port des armoiries, il faut comprendre que le blason véritable est toujours un don du ciel.*

Don du ciel ? Eh bien, nous revoici proches de nos oiseaux, messagers célestes !

La quatrième de couverture du susdit ouvrage résume bien l'intrication des thèmes évoqués ci-dessus :

> *Le langage du blason est avant tout un langage symbolique et sacré dévoilant des réalités secrètes. Parole aujourd'hui perdue pour beaucoup, et que ce livre essaie de restituer dans sa vie originelle et toujours présente.*
>
> *L'héraldique n'est pas seulement une science historique réservée aux érudits, et trop souvent confinée dans les recherches archéologiques annexes de la généalogie ; aussi cet ouvrage ne s'adresse pas uniquement aux spécialistes mais à l'honnête homme d'aujourd'hui soucieux de comprendre le sens des armoiries transmises jusqu'à nos jours par le Moyen Age.*
>
> *Dans son langage, sa construction, ses couleurs, le blason enseigne une démarche initiatique étroitement apparentée aux mythes de la Queste du Graal et du Grand-Œuvre alchimique. Emblèmes mystérieux de la chevalerie médiévale, les écus d'armes révèlent dans leurs arcanes des idéaux, un code d'honneur et une voie de réalisation intérieure enracinés dans la spiritualité chrétienne, où la Croix du Sauveur transfigure le sacrifice guerrier.*
>
> *L'éthique, la philosophie et la métaphysique vécues par la chevalerie traditionnelle d'Occident ont une portée universelle, et trouvent des correspondances dans d'autres expressions héraldiques analogues, notamment au Japon et au Proche-Orient, et des résonances jusque dans le monde contemporain.*
>
> *Ce livre est donc une introduction au travail de déchiffrement symbolique des images-mandalas que sont les blasons, et un guide pour comprendre et goûter la "substantifique moelle" de la Science Héroïque.*

Voilà un bon résumé, qui en dit long. N'espérant pas mieux dire qu'un tel spécialiste, je pense inutile de nous étendre plus longuement sur ces aspects. Par contre, pour illustrer concrètement notre propos, je vous propose d'examiner de près un blason pour découvrir ce qu'il pourrait nous apprendre. Prenons un exemple parmi les plus connus, celui de la Ville de Paris :

De gueules à la nef équipée et habillée d'argent voguant sur des ondes du même mouvant de la pointe, au chef d'azur semé de fleurs de lys d'or.

Ce qui frappe en premier dans ce blason est la présence d'un bateau. Une nef. Surprenant, dans la mesure où Paris n'est ni un port maritime, ni n'évoque un bateau dans son nom, alors que la devise associée renforce ce concept nautique : « Balloté par les flots mais ne sombre pas ».

Il est pourtant vrai que la ville s'est développée autour de deux îles importantes entourées par la Seine. Celle-ci joua durant des siècles un rôle important dans la vie de la cité car le fleuve assurait une défense naturelle et permettait l'approvisionnement et le commerce. Le transport fluvial devint rapidement l'outil de développement principal. Quant au risque de sombrer, couler, il suffit de se souvenir de l'abondance de certaines inondations, encore aujourd'hui couramment estimées au niveau de la statue du Zouave du pont de l'Alma. Dans ces circonstances, on comprend que la corporation des Nautes, navigateurs, devint au fil du temps incontournable et puissante. C'est son symbole qui se retrouve en bonne place sur le blason de la ville.

Mais il y a nef et nef ! Le corps principal d'une église est aussi une nef, et pas par accident : la voûte est bâtie selon le plan d'une coque de navire renversée, gage de solidité, et l'ensemble du bâtiment invite les fidèles à un voyage initiatique, à l'image de la barque de saint Pierre, elle aussi dangereusement ballotée par les flots jusqu'à ce que Jésus apaise la tempête. En l'occurrence, l'église de référence est bien entendu la cathédrale Notre-Dame, dont la réputation est mondiale, et le rayonnement universel (du moins jusqu'à ce que d'avides criminels la transforment en un insipide temple à la gloire de Mammon).

Sur le blason, la nef est dite d'argent (code héraldique pour désigner la couleur blanche). Or c'est bien grâce à la corporation des nautoniers que l'argent a coulé à flots, amenant la prospérité à la cité.

Derrière la nef, le fond est « de gueules » (rouge), couleur du sang de saint Denis, premier évêque de Paris, à la vie enjolivée par la légende, mort en martyr, décapité au troisième siècle. Il devint le saint protecteur de Paris, et sa statue figure au Portail de la Vierge de la cathédrale Notre-Dame. Cette couleur rouge fut reprise en son hommage sur l'étendard des rois de France en temps de guerre. C'est le roi Saint Louis qui, le premier, reconnut officiellement ce graphisme comme sceau de Paris, lequel fut utilisé par le prévôt des marchands, désigné par les nautes, pour marquer les actes et édits servant à la gestion de la ville. Le même Saint Louis (Louis IX, 1214–1270) donna son nom à l'une des deux îles constituant le cœur historique de Paris.

La partie supérieure du blason (dite « en chef ») est d'azur (bleu) semé de fleurs de lys d'or (jaune). Ce choix de couleurs est attribué au roi Philippe II, dit Philippe-Auguste (1165–1223), bien que d'autres sources historiques y voient plutôt la main du dauphin Charles V (1338–1380). Le bleu était une couleur rare, onéreuse, généralement réservée aux rois et aux vêtements de la Vierge Marie, en peinture comme en sculpture. La royauté, considérée de droit divin, se veut médiatrice entre la volonté de Dieu et les hommes. Rôle également attribué à Marie par la tradition chrétienne.

La relation entre la ville de Paris et la Vierge Marie n'est pas établie uniquement par la cathédrale qui lui est dédicacée, mais également par le blason, car celui-ci a varié au cours des âges. La Révolution a aboli la noblesse dès 1790, supprimant les emblèmes, armoiries et blasons correspondants ; Paris ne fit pas exception. Mais en 1811, Napoléon autorise les villes à retrouver leurs armoiries. Toutefois celles de Paris sont quelque peu modifiées : les fleurs de lys sur fond bleu, représentant la royauté abolie, sont remplacées par trois abeilles jaunes (d'or) sur fond rouge (de gueules), une étoile (d'argent) est ajoutée, et la nef présente quelques différences dont la plus marquante est l'ajout de la déesse égyptienne Isis en proue.

Isis. La déesse-mère, dont l'image a été recyclée par la chrétienté et attribuée à Marie. Isis est fortement associée aux représentations de Notre-Dame sous forme d'une Vierge Noire. Là où se vénère une

Vierge Noire, vous pouvez presque à coup sûr subodorer une persistance discrète d'un culte multiséculaire lié à l'Égypte ancienne. Il est vrai qu'une dizaine d'années auparavant, Napoléon s'était aventuré avec son armée dans le Delta du Nil (1798–1801), terroir qui ne manqua pas de l'impressionner. L'étoile vers laquelle vogue la barque d'Isis ne serait-elle pas Sirius, mythique origine du savoir des Dogons, régente des crues du Nil, et porte vers l'Au-delà pour les pharaons ? Je n'en ai pas trouvé confirmation.

Il importe néanmoins de se souvenir de l'origine du nom même de Paris, lequel provient de la tribu gauloise des Parisis qui occupait ce terroir et en avait fait sa capitale. C'était à l'époque où les envahisseurs romains choisirent d'appeler cette ville Lutetia, comme décrit dans « La Guerre des Gaules », livre attribué à Jules César. Or, si la Langue des Oiseaux vous devient peu à peu familière, vous remarquerez qu'il n'y a pas grande distance phonétique entre le nom des Parisis et l'invocation « par Isis ». Laissons de côté le jeu de mot trop facile « par ici » pour ne conserver que la connexion entre l'Égypte et Paris suggérée par le blason de 1811 ; sauf si une main occulte avait voulu dissimuler un indice pour un jeu de piste secret, indiquant aux chercheurs par où passer. Par ici ? Paris ? Si !

En 1838 fut érigé Place de la Concorde l'obélisque provenant du Temple de Louxor, renforçant ainsi la discrète corrélation entre Paris et l'Égypte antique. Anecdote historique ou connexion ésotérique reliant Isis à Notre-Dame de Paris ? C'est tout un débat…

Nous pourrions encore longuement disserter sur ces armoiries, d'autant plus quelles évoluèrent encore dans les années suivantes, mais ceci nous éloignerait trop de notre sujet, lequel consistait à montrer qu'un blason est parlant et peut fournir nombre d'informations lorsqu'on prend la peine de creuser, et de s'ouvrir à la Langue des Oiseaux.

*

Annexe

Roger Caro

Ce radiesthésiste naît à Marseille le 30 janvier 1911, soit quelques mois à peine avant la terrible canicule qui fit plusieurs dizaines de milliers de victimes en France, surtout parmi les fragiles enfants en bas âge. Son enfance se déroule ensuite à Jurançon, près de Pau, où ses parents possèdent une petite filature. Hélas ! Un incendie ruine ces derniers, les contraignant à revenir en Provence, mais sans moyens financiers pour assurer la scolarité de leur fils, lequel se forme alors en autodidacte.

De petits boulots lui permettent de survivre, mais aussi de suivre des cours du soir en comptabilité. D'aide-comptable à comptable puis chef-comptable, il devient gérant de la société Les Carrières Laetitia. Entre-temps, il effectue son service militaire en 1932-1933 (Chasseurs alpins) et épouse en 1938 Marie-Thérèse Gabrielle Court, donnant naissance à Maryse (1942) et Daniel (1945). Malheureusement, Marie-Thérèse décède en décembre 1947. Ne pouvant assurer seul la charge d'élever deux enfants, Roger Caro confie son aînée à sa famille proche.

Suite à ce choc affectif, Roger Caro s'implique intensément dans l'étude de la radiesthésie et la thaumaturgie. Un jour, alors qu'il se désespère de pouvoir guérir son fils tombé malade, sa défunte épouse (qu'il appelait intimement sa Ri) lui apparaît en esprit et lui enseigne des passes magnétiques et des paroles destinées à soigner. De ce fait, il devient magnétiseur et guérisseur, fonde un centre de radiesthésie et édite une revue (« Le Lien »).

Il se remarie en 1951 avec Madeleine Lemaître. En 1958, il change d'orientation, abandonnant le monde de l'entreprise pour se consacrer uniquement à des travaux liés à l'ésotérisme : rédaction de livres (qu'il édite lui-même), conférences, procès-verbaux authentifiés par des témoins de démonstrations de thaumaturgie, etc. Contrairement aux parapsychologues et métaphysiciens qui recherchent dans la matière ou dans d'hypothétiques ondes les explications rationnelles de ces phénomènes, Caro professe que la source de telles expériences est à rechercher dans la foi, la concentration, la certitude de réussir. Un rapprochement est possible – jusqu'à un certain point – avec le mode de vie méditatif des yogis hindous, puisque notre auteur ne vit pas dans un état contemplatif ascétique, mais dans le monde ordinaire où il est actif, ayant des contacts sociaux, exerçant un emploi ou organisant des réunions. Toutefois, il est vrai que sa recherche le mène à une plus grande spiritualité, en constatant que la foi et la religiosité sont des attitudes indispensables à la survenance de ce que d'aucuns considéreraient comme des « miracles » : déplacements d'objets, matérialisations, voyance, guérisons...

C'est conséquemment à une de ses conférences qu'il est contacté par quelqu'un qui lui parle d'Alchimie. Il s'y intéresse dès lors avec acharnement, non sans certains succès. À partir de ce moment, ses activités se centrent spécifiquement sur cette antique Science, et ses actions et ses publications ultérieures se rapportent exclusivement à cette thématique.

Parmi toutes les approches possibles en Alchimie, il prône alors ce qu'il appelle la « Voie du Cinabre ». Petit rappel : pour œuvrer en cette Science, le pratiquant doit se choisir une Voie et une matière première sur laquelle il va s'appliquer et travailler sans relâche. La « Voie du cinabre » se réfère à ce minéral particulier qui présente la particularité de combiner, d'amalgamer intimement du mercure (Hg, métal toxique) et du soufre (S). Ce minerai (lui aussi toxique) a longtemps servi dans l'industrie pour produire le mercure ordinaire, mais il s'agit aussi bien sûr d'une allégorie de l'union des principes éponymes dont discourent amplement les Alchimistes.

*Bien entendu, dans son (déjà cité)
Dictionnaire de Philosophie Alchimique,
Kamala-Jnana (donc Roger Caro)
a aussi une entrée pour ce mot :*

CINABRE : *Minerai de sulfure de mercure, duquel on extrait le soufre et le mercure vendus dans le commerce. Ce soufre et ce mercure sont des corps morts, tués par le feu qui a servi à les séparer de leur gangue. Certains Philosophes (comme Hermès) l'ont cité en tant que Materia Prima, mais il ne faut l'entendre que comme « objet de comparaison », la minière des Sages ne se traitant pas de la même façon ; analogue mais non pareil, semblable mais non identique.*

Semblable, analogue… Ces précieux termes indiquent aux plus perspicaces qu'il y a lieu de décoder minutieusement le texte, et non prendre les comparaisons pour argent comptant. J'insiste, parce que j'ai appris que certains amateurs ont eu la mauvaise idée de faire fondre ce minéral, puis d'en inhaler les mortelles vapeurs mercurielles, voire même d'ingérer des composés de leur cru cuits. Ils aspiraient à la vie éternelle ; ils l'obtinrent illico, mais pas dans ce monde ! Perplexe, les médecins-légistes conclurent généralement qu'il s'agissait de suicides...

Quant à Roger Caro, suite à des contacts avec de mystérieux correspondants (dont je ne suis pas en mesure de vous en dire plus), il se déclara dépositaire d'une mission de divulgation de l'existence d'un Ordre chevaleresque initiatique multiséculaire dont la tâche consiste à perpétuer la pratique de l'Alchimie dans le cadre de la foi religieuse : les Frères-Aînés de la Rose+Croix (F.A.R.+C.).

C'est par intérêt pour ce groupement que Chantal et moi nous sommes attelés à mieux comprendre la démarche de Roger Caro puisque notre propre évolution antérieure au sein d'ordres rosicruciens plus en vue nous laissait insatisfaits. Pour nous deux, trouver une telle filiation déclarant allier l'idéal chevaleresque templier, la foi profonde, et la pratique alchimique, cela représentait une étape importante dans notre toute personnelle quête du Graal. Toutefois, cette découverte se produisit plusieurs années après le décès de Roger Caro ; entre-temps, les associations qu'il avait fondées étaient dissoutes.

Parallèlement à l'Ordre des F.A.R.+C., Caro avait aussi institué une Église chrétienne, de droit gallican, non pas catholique en ce sens qu'elle n'était pas juridiquement soumise à l'autorité du pape romain, mais néanmoins canonique, tolérée et bénie par la papauté. Dénommée Église Universelle de la Nouvelle Alliance (E.U.N.A), ayant statut juridique d'une association loi 1901 (asbl), elle se voulait le pendant exotérique des F.A.R.+C. (plus axés vers l'ésotérisme et l'Alchimie). Les deux organes se voulaient complémentaires, et plusieurs membres se retrouvaient dans chacun. Les F.A.R.+C., plus confidentiels, se géraient dans le secret (malgré une certaine publicité), tandis que l'E.U.N.A. se proclamait universelle et visait à l'œcuménisme le plus large possible, pratiquant des ordinations mutuelles, croisées, avec d'autres obédiences religieuses similaires.

Mais donc, lorsque Chantal et moi découvrîmes ces pages d'histoire, tout cela avait vécu. Les survivants de cette époque s'étaient dispersés, et c'est en archéologues que nous poursuivîmes notre quête. Il nous apparut assez rapidement que parmi ceux qui l'avaient connu, bien peu avaient compris le fond de sa pensée. Certains de ses amis voulurent perpétuer la recherche alchimique (mais sans avoir eux-mêmes réussi quoi que ce soit), d'autres privilégièrent la perpétuation de l'aspect religieux, mais parmi eux, certains étaient assez vraisemblablement inconsciemment plutôt mus par les titres et le pouvoir sur autrui que par une foi authentique et simple. Perpétuer un émouvant idéal et œuvrer à le perpétuer est œuvre charitable, à condition de l'avoir préalablement soi-même intégré dans ses tripes !

On pourrait se demander si fonder des associations était la meilleure manière de propager une spiritualité. Et que dire de la tradition de discrétion des Rose+Croix, et plus encore des Alchimistes ! C'était tout bonnement une pratique fort répandue en ces années-là. À cette époque Roger Caro n'avait peut-être pas encore intégré le fait que l'authentique adhésion à la fraternité des Rose+Croix relevait plus d'une communauté *de cœur* et d'esprit que d'une filiation canonique légitimée par des documents, fussent-ils authentiques et attestés. Ou, s'il l'avait compris, il a pu se trouver contraint à se couler dans les mœurs de son temps afin de canaliser les énergies des gens motivés dans une direction commune et donc de fonder ces associations. Car en cette époque où la parole donnée n'a pas plus de valeur qu'un mouchoir en papier jetable, peut-être fut-il estimé adéquat d'unir les individus via des statuts juridiques et des cotisations confirmant un engagement responsable.

Ce qu'il en advint appartient à l'histoire. Ou à la Légende…

Fragile du cœur, Roger Caro s'éteint en 1992, âgé donc de près de 81 ans.

Fut-il un authentique Alchimiste, au sens le plus noble qui soit, ayant atteint le stade de l'Adeptat, le plus haut niveau de réalisation de soi en ce bas monde ? Je ne puis en juger. De toute évidence, Roger Caro n'était en rien un charlatan. Il œuvra en Alchimie, fit la promotion de cette Science divine, obtint des résultats tangibles et attestés indiquant un savoir-faire certain, laissant penser qu'il atteignit pour le moins un niveau très avancé dans sa recherche d'absolu.

Pour Chantal et moi, suivre ses traces sur une portion de notre parcours nous fit grandement progresser dans la Voie qui est encore la nôtre aujourd'hui, fut-ce sur des sentiers différents.

Œuvres de Roger Caro :

Succès Pendulaires (1953)
Traité de Thaumaturgie pendulaire (1954)
Cours de Thaumaturgie en 7 leçons (1955)
De la valeur des lois en radiesthésie (1955)
Dictionnaire de Philosophie Alchimique (par "Kamala-Jnana", 1961)
Les Miracles ont aussi leur Loi (1966)
Pléiade Alchimique (1967)
Concordances Alchimiques (1968)
Tout le Grand Œuvre photographié (1968)
Legenda des Frères Aînés de la Rose-Croix (1970)
Rituel F.A.R.+C. (1972)
Cours de Théologie à l'Usage des Séminaristes (1973)
Catéchisme et Histoire de l'Église de la nouvelle Alliance
Messe solennelle de l'Église de la nouvelle alliance ou Messe de saint Pie V (1974)
Pourquoi l'Église de la nouvelle Alliance ne peut être romaine (1974)
L'Église primitive
Pontifical et cérémoniaire des évêques de l'E.U.N.A. (1975)
Informations sur l'Église universelle de la nouvelle Alliance (1983)
Quelques extraits de Droit Canonique (1990)
Histoire de l'Église de France (1990)
Aeloim ou la clé alchimique du Siphra-di-Tzenniutha (1991)
Bible, Science, Alchimie (à titre posthume – 1996)
Traduction Alchimique du Siphra di Tzeniutha de Moïse (1999, réédition de l'édition de 1991 revue et corrigé par Daniel Caro)

Bibliographie

Baulot (Isaac) – L'Alchimie et son Livre Muet ; Introduction et commentaires d'Eugène Canseliet (Gutemberg Reprint, 1996)
Burger (Baudouin) – La langue des oiseaux - À la recherche du sens perdu des mots (Éd. Louise Courteau, 2010)
Canseliet (Eugène) – L'alchimie expliquée par ses textes classiques (Éd. Pauvert, 1980)
Canseliet (Eugène) – Deux Logis Alchimiques (Éd. J.-C. Bailly, 1998)
Canseliet (Eugène) – Alchimie – Nouvelles études diverses sur la Discipline alchimique et le Sacré hermétique (Guy Trédaniel, 2007)
Canseliet (Eugène) – Alchimie – Nouvelles études diverses de Symbolisme hermétique et de pratique philosophale (Éd. Guy Trédaniel, 2010)
Caro (Roger, sous le pseudonyme Kamala-Jnana) – Dictionnaire de Philosophie Alchimique (Éd. Georges Charlet – Argentière, 1961)
Caro (Roger) – Pléiade Alchimique – 7 documents inédits sur le Grand-Œuvre par les Maîtres d'Ajunta suivis de deux essais sur la Pierre Philosophale (Éd. Roger Caro, St-Cyr-Sur-Mer, 1967)
Caro (Roger) – Traduction Alchimique du Siphra di Tzeniutha de Moïse (Éd. du Sphinx, 1999)
Chevalier (Jean) & Gheerbrant (Alain) – Dictionnaire des Symboles (Robert Laffont, 1999)
Delart (Jean) – Traduction annotée du Splendor Solis (Éd. J.A., 2018)
Dubois (Geneviève) et al. – Ces hommes qui ont fait l'alchimie du XXème siècle", Collectif (Geneviève Dubois Éditions, Grenoble, 1999)

Facon (Roger) – Fulcanelli & Les Alchimistes Rouges (les Éditions de l'Œil du Sphinx, 2016)
Facon (Roger) – Fulcanelli, Commandeur du Temple (les Éditions de l'Œil du Sphinx, 2017)
Facon (Roger) – Fulcanelli et la géopolitique du Diable (les Éditions de l'Œil du Sphinx, 2018)
Filostène – Fulcanelli exhumé (Éd. La pierre Philosophale, 2010)
Flamel (Nicolas) – Le livre des figures hiéroglyphiques (Ink Book, Paris, 2013)
Fulcanelli – Le Mystère des Cathédrales (Éd. Pauvert, 1979)
Fulcanelli – Les Demeures philosophales (Éd. Pauvert, 1979)
Grasset d'Orcet (Claude-Sosthène) – Œuvres décryptées (e-dite, 2002)
Julien (Nadia) – Le Dictionnaire des Symboles (Marabout, 1989)
Lesigne (Véronique) – L'âme des mots, les mots de l'âme, Pensée jungienne et langue des oiseaux (Éd. Dervy, 2010)
Lévy Pinard (Germaine) – La vie quotidienne à Vallorcine au XVIIIe siècle (Académie Salésienne, 1974)
Mondet (Jean-Claude) – La Madeleine de Vézelay – Voyage initiatique (Dervy, 2012)
Pernety (Antoine-Joseph) – Dictionnaire mytho-hermétique, dans lequel on trouve les Allégories Fabuleuses des Poetes, les Métaphores, les Énigmes et les Termes barbares des Philosophes Hermétiques expliqués (1758)
Sorval (Gérard de) – Le langage secret du blason (2003)
Teodorani (Massimo) – Synchronicité (Macro Éditions, 2010)
Trismosin (Salomon) – La Toyson d'or ou la Fleur des Thresors (Paris, 1612)
Valentin (Basile) – Les douze Clefs de la Philosophie – Traduction, Introduction, Notes et Explication des Images par Eugène Canseliet (Éd. de Minuit, 1956)

Table des matières

Préambule..3
1. Un chouette incident..5
2. Le gourmet de l'aire d'autoroute..11
3. L'oiseau Toc-toc..19
4. Le coq et la mort...55
5. Le merle kamikaze..69
6. Un cygne du destin...93
7. Des gants comme s'il en pleuvait.....................................121
8. La Langue des Oiseaux..143
Annexe - Roger Caro...181
Bibliographie...187

Achevé d'imprimer : Octobre 2019
Dépôt légal : D/2019/Jacques Antoine, éditeur

www.ingramcontent.com/pod-product-compliance
Lightning Source LLC
Chambersburg PA
CBHW050802160426
43192CB00010B/1605